AMBROISE VOLLARD

PAUL CÉZANNE

PARIS

AMBROISE VOLLARD Éditeur

6, RUE LAFFITTE, 6

1915

PAUL CÉZANNE

JUSTIFICATION DU TIRAGE

Mille exemplaires numérotés :

1 à 150. Cent cinquante exemplaires sur papier Japon, de la Manufacture de Shizuoka.

151 à 350. Deux cents exemplaires sur vélin à la forme, fabriqué spécialement pour cette édition par les papeteries d'Arches, avec le filigrane « Paul Cézanne ».

351 à 1000. Six cent cinquante exemplaires sur papier teinté.

EXEMPLAIRE D'AUTEUR

AMBROISE VOLLARD

PAUL CÉZANNE

6, RUE LAFFITTE - PARIS

I

LES PREMIÈRES IMPRESSIONS

(1839-1861)

Jadis, une famille de pauvres gens originaires de *Cesena* quitta l'Italie pour chercher fortune en France. En arrivant dans leur nouvelle patrie, les « *Cézanne* », — car ils avaient pris le nom de leur ville natale, — s'établirent non loin de la frontière qu'ils venaient de traverser, dans l'agreste cité alpine de Briançon ; mais, le sort ne cessant de leur être contraire, quelques-uns d'entre eux allèrent tenter la chance dans une autre région. C'est ainsi que, vers la fin du XVIIIe siècle, celui qui devait être le père du peintre, Louis-Auguste Cézanne, naissait dans un petit village du Var. Ses parents étaient d'humbles artisans profondément attachés à leurs croyances religieuses et très respectueux des anciennes traditions. Ils eurent de nombreux enfants, dont le père de notre Cézanne resta l'unique survivant. De sa pénible enfance, M. Louis-Auguste Cézanne devait conserver, toute sa vie, le souvenir et aussi l'épouvante : si bien que lorsqu'un jour, à force de travail et d'économies, le petit apprenti chapelier fut à son tour devenu patron, l'on peut aisément s'expliquer son amour mêlé de respect pour l'argent durement gagné, sa méfiance instinctive, et aussi sa profonde aversion pour les métiers hasardeux, — au premier rang desquels il devait mettre plus tard le métier de peintre.

Paul Cézanne vint au monde à Aix-en-Provence, le 19 janvier 1839. Son père n'était pas encore près de devenir manieur d'argent, — un métier noble, — l'ambition de toute sa vie ; mais les affaires de la chapellerie Cézanne marchaient très bien, et M. Cézanne n'en était que plus désireux de voir son fils installé, un jour, dans une de ces bonnes professions, amplement lucratives, qui font honneur à une famille. Malheureusement, un penchant irrésistible pour la peinture, qui devait faire le désespoir des siens, s'éveilla, de très bonne heure, chez Paul Cézanne, et, par un curieux hasard, sa première boîte de couleurs lui fut donnée par son père. Celui-ci l'avait trouvée dans un lot de vieilles caisses, achetées à bon compte de marchands forains : car M. Cézanne étendait le cercle de ses affaires à tout ce qui pouvait se revendre avec un honnête bénéfice. Le père et la mère étaient heureux de voir leur fils prendre tant de goût à ses crayons et à ses couleurs ; amusement tranquille, qui venait fort à propos interrompre les bruyants éclats d'un caractère étrangement passionné et mobile, mêlé d'impressionnabilité presque féminine et de sauvagerie. Une

1. — Les " Cézanne " dans les Musées.

seule personne faisait de l'enfant ce qu'elle voulait : sa sœur Marie, de deux ans plus jeune que lui, dont il était à la fois le protecteur et l'esclave, et avec laquelle il allait, chaque jour, à une école enfantine, où se trouvaient réunis garçons et filles.

A dix ans, Paul Cézanne entra au pensionnat St-Joseph, pieuse institution, où il reçut ses premières leçons de dessin d'un moine espagnol, ancien carliste, qui avait fait le coup de feu et se vantait d'avoir « descendu son homme » tout comme un autre ; mais on pense qu'il « exagérait. »

Au début de l'année scolaire 1852-1853, le petit Paul, maintenant âgé de treize ans, fut envoyé, comme externe, au Collège Bourbon, devenu aujourd'hui le Lycée d'Aix. Zola y entrait en même temps, mais dans une classe moins avancée, ce qui ne l'empêcha pas de se lier, presque ausitôt, avec le futur modèle de son Claude Lantier ; un autre Aixois, Baptistin Baille, partagea leur intimité. Cézanne était loin d'être un enfant prodige ; il apprenait même plus lentement que la plupart des enfants de son âge : mais, en dépit de sa nature violente et sensible à l'excès, il apportait la plus grande persévérance à tout ce qu'il faisait, qu'il s'agît du dessin ou des racines grecques. Il s'était même pris d'une véritable passion pour les études classiques ; les sciences lui inspiraient moins de ferveur, à l'exception cependant de la chimie, dont il cherchait à répéter les expériences à la maison, au grand émoi de sa famille.

Aux heures de récréation, comme aux jours de sortie, Cézanne, Zola et Baille ne se quittaient pas ; et pendant les vacances, ils couraient ensemble les champs et les bois. Leurs promenades favorites étaient les collines de Saint-Marc, celles de la Sainte-Baume, et les barrages du Tholonet, bassins artificiels construits par le père de Zola dans un site dont la sauvage grandeur n'avait pas de plus enthousiastes admirateurs que les trois jeunes amis. Les bruyantes baignades étaient encore une de leurs distractions favorites. Plus tard, à ces divertissements s'ajoutèrent des plaisirs d'un genre nouveau. Zola lisait à haute voix et commentait Musset, Hugo, Lamartine ; Baille dissertait et philosophait ; Cézanne, plein des noms des grands coloristes, Véronèse, Rubens, Rembrandt, formulait des théories d'art. Le poète préféré de Zola était Musset ; c'était lui que le jeune collégien prenait comme modèle de ses balbutiements poétiques. Gagné par la contagion, Cézanne se mit aussi à versifier. Ses poésies de ce temps ont malheureusement disparu sans laisser de traces ; mais tout porte à croire qu'elles ne différaient guère des vers suivants, griffonnés par le peintre, beaucoup plus tard, au dos d'une esquisse de l'*Apothéose de Delacroix* :

Voici la jeune femme aux fesses rebondies !
Comme elle étale bien au milieu des prairies
Son corps souple, splendide épanouissement !
La couleuvre n'a pas de souplesse plus grande,
Et le soleil qui luit darde complaisamment
Quelques rayons dorés sur cette belle viande.

Cézanne n'était pas seulement poète : il put aussi se croire musicien. Un camarade, du nom de Marguery, eut un jour l'idée de créer une fanfare, au collège d'Aix. Cézanne, Baille et Zola s'y enrôlèrent aussitôt. Au retour de la promenade scolaire, la fanfare défilait triomphalement à travers la ville, et l'on pouvait voir Cézanne s'époumonant dans un cornet à piston, et Zola faisant sa partie de clarinette. Ce dernier avait même acquis tant de virtuosité qu'il avait obtenu la faveur de jouer derrière le dais, les jours de procession.

En dehors des heures de classe, Cézanne suivait les cours de dessin et de peinture qui se donnaient au Musée Municipal, et, déjà, il étonnait ses camarades par l'audace imprévue de ses inter-

prétations. Son rêve d'art commençait à prendre corps et sa mère, à qui il confiait ses projets et ses espérances, ne lui ménageait pas les encouragements.

Elisabeth Aubert, la mère de Cézanne, née à Aix d'une famille qui avait de lointaines origines créoles, était d'un esprit primesautier et d'une imagination vive et romanesque, mais d'une humeur inquiète, ombrageuse, emportée. C'est d'elle que « Paul » tenait son imagination et sa vision de la vie. Aussi, heureuse de se retrouver dans son fils, le soutenait-elle contre le père, qui ne voyait pas sans inquiétude se développer les tendances artistiques de son enfant, en dépit de l'argument que Mme Cézanne avait puisé dans son cœur de mère, et qu'elle jugeait sans réplique :

— Eh ! quoi ! Il s'appelle bien Paul, comme Véronèse et Rubens !

A l'âge de 19 ans, un deuxième prix de dessin, remporté par le jeune Paul, à l'école des Beaux-Arts d'Aix, augmente encore les appréhensions du père qui, peiné et, en même temps, étonné de voir que le fils d'un financier (car M. Cézanne avait réalisé, depuis quelques années, son rêve de devenir banquier), puisse prendre plaisir à de telles billevesées, ne cessera plus de lui répéter : « Enfant, enfant, songe à l'avenir ! On meurt avec du génie, et l'on mange avec de l'argent[1]. »

Pourtant la situation n'était pas encore désespérée. Paul Cézanne avait poursuivi le cours de ses études classiques, malgré sa grande passion pour la peinture, et avait réussi à se faire recevoir bachelier ès-lettres, la même année qu'il obtenait son second prix de dessin. (Celui qui avait eu le premier prix, M. V..., et qui allait devenir plus tard un estimable peintre local, ne devait jamais pardonner à Cézanne d'avoir pris, dans le monde, la place qu'il jugeait lui revenir de droit, à lui-même, de par son premier prix). De plus, malgré sa nature emportée, Paul Cézanne était tout le contraire de l'homme d'action et montrait une très grande timidité devant l'auteur de ses jours ; mais il souffrait beaucoup de cette hostilité qu'il sentait autour de lui, et il se serait laissé aller au découragement-

1. Lettre de Zola à Cézanne publiée dans la CORRESPONDANCE D'ÉMILE ZOLA, *Lettres de Jeunesse*. Fasquelle, 1907. Tous les passages de lettres de Zola que j'aurai l'occasion de citer au cours de ce livre seront également empruntés à ce recueil.

2. — Le Jugement de Pâris.

(1860)

ment, — Zola ayant été rappelé auprès de sa mère, alors veuve et fixée à Paris, — s'il n'avait conservé à Aix son ami Baptistin Baille, qui, tout en étudiant avec ardeur l'algèbre, continuait à discuter passionnément poésie et peinture.

Zola, qui, de son côté, était très malheureux à Paris, où ses condisciples du lycée Saint-Louis le regardaient avec dédain pour

son manque de fortune et ses façons provinciales, avait obtenu de sa mère d'aller passer les vacances à Aix, pendant l'été de 1858. Alors se renouvellent les bonnes promenades du Tholonet et de Roquefavour. Cézanne, obligé de se cacher de son père dès qu'il s'agit de peinture, est heureux de montrer ses ébauches à l'ancien camarade. Zola expose ses plans, lit ses premiers essais; Baille lui donne la réplique. Enfin l'on se grise tellement de littérature qu'au terme des vacances l'ami Baille, craignant d'être repoussé par ses camarades, s'ils le voient incapable « d'exprimer l'art au dehors, soit par la peinture, soit par la poésie », ne parlera de rien moins que de lâcher l'algèbre pour se consacrer entièrement à la rime.

Cézanne avait de plus graves sujets de préoccupations. Son père se refusait à croire à une vocation sérieuse ; il n'admettait pas davantage que le métier de peintre pût rapporter de l'argent. « Paul » dut céder cette fois encore. Il prit ses inscriptions à la Faculté de Droit d'Aix (1858-1859) et passa même, sans difficulté, le premier examen malgré un tel dégoût de la chicane que, pour trouver un peu d'intérêt à cette besogne, il avait essayé de mettre les codes en vers français.

Zola revient à Aix, durant l'été de 1859, pour un séjour de quatre mois ; les promenades recommencent, les confidences vont leur train, les projets d'avenir se précisent.

Les vacances terminées, Cézanne retourne à la Faculté de Droit, avec moins d'enthousiasme que jamais, et Zola regagne Paris. Cependant Cézanne projetait de l'y rejoindre ; mais, son professeur de peinture, un sieur Gilbert, ne voyant pas sans regrets un élève lui « échapper », M. Cézanne père trouva là une aide inattendue pour retenir son enfant. Aussi bien, l'éventualité d'un départ pour la capitale l'inquiétait à plus d'un titre ; il craignait, à la fois, l'influence de Zola sur son fils et les mille dangers de Paris. Pour y avoir vécu quelques années de sa jeunesse, il en avait gardé le souvenir d'une ville où les faiseurs et les aigrefins pullulaient, et occupaient une place trop avantageuse. Zola ne fut pas le moins déçu. Il avait établi d'avance le budget de son ami sur le pied des 125 francs mensuels que, d'après ses prévisions, n'aurait pas dépassés la générosité paternelle :

« Une chambre de 20 francs par mois ; un déjeuner de 18 sous et un dîner de 22 sous, ce qui fait 2 francs par jour ou 60 francs par

3. — Portrait de Cézanne.

(1864)

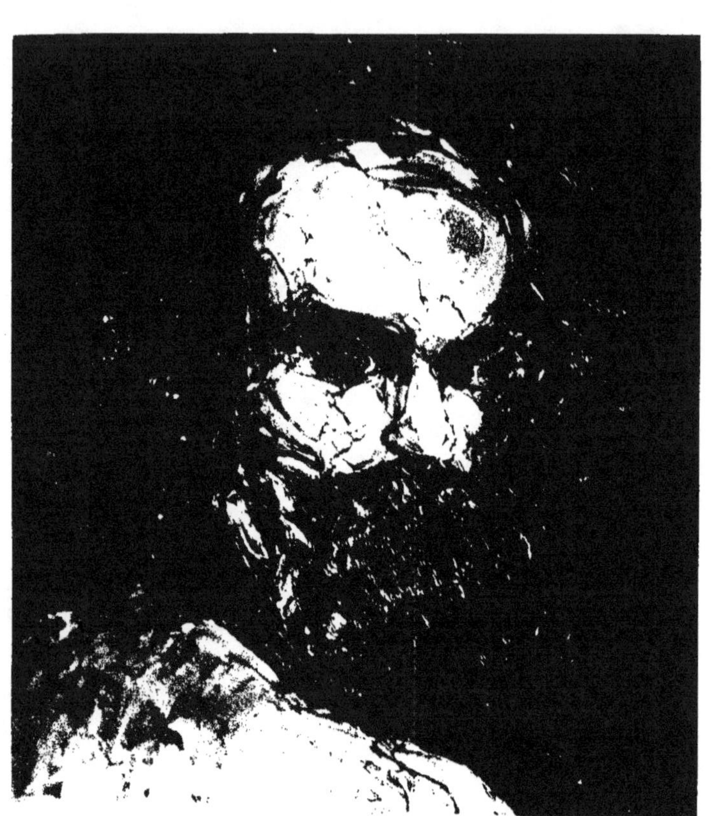

mois; en ajoutant les 20 francs de la chambre, soit 80 francs par mois. Tu as ensuite ton atelier à payer; celui de Suisse, un des moins chers, est, je crois, de 10 francs; de plus, je mets 10 francs de toile, pinceaux, couleurs; cela fait 100 francs. Il te restera donc 25 francs pour ton blanchissage, la lumière, les mille petits besoins qui se présentent, ton tabac, tes menus plaisirs. Mais il y a les ressources accessoires que l'on peut se créer par soi-même! Les études faites dans les ateliers, surtout les copies prises au Louvre, se vendent très bien... Le tout est de trouver un marchand, ce qui n'est qu'une question de recherches. »

Cézanne reprit tristement ses études de droit. Quant à Zola, il ne se contentait plus, dans ses lettres, de lui prodiguer ses encouragements : il osait attaquer les plus hauts problèmes de l'art. « Nous parlons souvent poésie dans nos lettres, mais les mots sculpture et peinture ne s'y montrent que rarement, pour ne pas dire jamais. C'est un grave oubli, presque un crime... »

Zola avait déjà entretenu Cézanne de Greuze. — « Greuze a toujours été mon favori. » — Il lui avait confié le trouble dans lequel le jetait une gravure de Greuze représentant « une jeune paysanne, grande et de rare beauté de formes », et dont il ne savait trop ce qu'il devait le plus admirer « ou de sa figure mutine ou de ses bras magnifiques. »

Aujourd'hui, il parlera d'Ary Scheffer, « ce peintre de types purs, aériens, presque diaphanes » ; et profitera de l'occasion pour apprendre à Cézanne que la « poésie est une grande chose, et que hors la poésie il n'y a pas de salut. »

Zola terminait sa lettre en recommandant à Cézanne « de travailler le dessin fort et ferme — *unguibus et rostro* — pour ne pas être un réaliste, pour devenir un Jean Goujon, un Ary Scheffer ». Et l'on se demande ce que Cézanne a dû penser de l'accouplement de ces deux noms, quand, dans la suite, il s'est trouvé à même de comparer l'œuvre de Jean Goujon avec celle d'Ary Scheffer.

Mais, après avoir mis Cézanne en garde contre le réalisme, Zola lui indique un autre écueil, des plus redoutables, la « peinture de commerce », dans laquelle est tombé un de leurs anciens camarades, garçon à ne plus fréquenter désormais.

« Surtout, et c'est là le gouffre, n'admire pas un tableau parce qu'il a été vite fait ; en un mot, et pour conclusion, n'admire pas et n'imite pas un peintre de commerce ! »

Zola craint si fort pour son ami un tel entraînement qu'il

4. — Portrait du nègre Scipion.

(1865)

revient sans cesse sur son sujet favori, en s'excusant s'il heurte des idées arrêtées chez Cézanne ; mais « l'amitié seule dicte ses paroles », sans compter que son ignorance du métier de peintre lui donne une réelle supériorité sur Cézanne, car, sachant tout au plus, dans un tableau, « distinguer le blanc du noir », il ne sera pas tenté de s'occuper du « métier », tandis qu'il est à craindre que Cézanne qui sait « combien il est difficile de placer des couleurs selon sa fantaisie », ne soit sollicité, malgré lui, à ne voir dans un tableau que des « couleurs broyées, placées sur une toile », et à « chercher constamment par quel procédé mécanique l'effet a été obtenu... » Voilà un grand danger ! Mais, à la condition que l'on place l'idée avant tout, Zola concède qu'on descende à s'intéresser à « ces couleurs puantes, cette toile grossière » ; en un mot, il veut bien qu'on fasse du « métier. »

« Loin de moi la pensée de mépriser la forme ! Ce serait sottise, car, sans la forme, on peut être un grand peintre pour soi, mais non pour les autres. C'est par elle que le peintre est compris, apprécié. »

Cependant, M. Cézanne père était bien forcé de se convaincre de l'incapacité de son fils pour tout ce qui touchait aux opérations d'ordre « temporel ». Alors, cédant aux instances pressantes du jeune homme et aux prières entremêlées de gémissements de sa femme, il finit par donner son consentement au départ de son Paul pour Paris, avec la secrète espérance que la peinture ne lui « réussirait » pas, et qu'il reviendrait à la banque. Donc, en 1861, Cézanne, escorté de son père et de sa sœur Marie, débarquait dans la capitale ; et tous trois allaient se loger dans un hôtel de la rue Coquillière. Après quelques visites à de vieilles connaissances, le père et la fille rentrent à Aix, et « Paul » se trouve enfin livré à lui-même, pourvu d'un faible crédit sur la maison du banquier Le Hideux, le correspondant parisien de la banque Cézanne et Cabassol. Ce dernier nom était celui d'un modeste employé que M. Cézanne avait élevé au rang d'associé, en raison de sa vision pratique de la vie. Ainsi Cabassol, au lieu de consacrer ses loisirs à courir les filles, employait tout le temps qu'il avait de libre à étudier le crédit de tous ses concitoyens, locaux et régionaux. Son information était à ce point sûre que, lorsqu'un emprunteur se présentait, M. Cézanne, pour se renseigner sur sa solvabilité, se tournait vers le fidèle Cabassol : « Y a-t-il de l'argent en caisse ? » Aussitôt il était certain d'obtenir le bon renseignement.

II

A PARIS

(1861-1866)

Cézanne, en arrivant à Paris, s'était précipité chez Zola : « J'ai vu Paul !!! écrivait à l'ami Baille le futur auteur de l'*Œuvre*. J'ai vu Paul, comprends-tu cela, toi, comprends-tu toute la mélodie de ces trois mots ? » Les deux amis « s'embrassèrent furieusement. » Zola habitait alors la rue Saint-Victor, dans les environs du Panthéon. Pour se rapprocher de lui, Cézanne loue une chambre dans un hôtel meublé de la rue des Feuillantines. Dans le jour, Zola se rend aux Docks, où il avait un petit emploi, tandis que Cézanne fréquente l'académie Suisse, quai des Orfèvres. Mais, tous les soirs, les deux amis se retrouvent dans la chambre de Zola, où l'on s'entretient d'art et de littérature, comme naguère à Aix. Zola posa même pour un portrait ; mais cette étude ne « venait » pas, et le jeune peintre, déjà prompt au découragement, ne tarda pas à détruire la toile :

« Ton portrait, je viens de le crever ; j'ai voulu le retoucher ce matin, et comme il devenait de plus en plus mauvais, je l'ai anéanti ... »

Cependant, il ne semblait pas que cette vie en commun leur réussit aussi parfaitement qu'ils l'avaient espéré. Il est probable que leurs idées sur la peinture sont devenues trop différentes, et que « babiller tous les deux, comme autrefois, la pipe aux dents et le verre à la main », ne doit pas paraître à Cézanne la chose « tellement merveilleuse » qu'imaginait Zola. Dans une lettre datée de 1862, celui-ci ne disait-il pas à Cézanne : « Paris n'a rien valu pour notre amitié... N'importe, je te crois toujours mon ami ».

C'est à Aix que Cézanne reçut cette lettre. Fatigué de Paris, il avait éprouvé le besoin de reprendre contact avec le sol natal. Une surprise l'y attendait. Son père qui, moins que jamais croyait à la peinture, ne veut plus entendre parler de Paris et le reprend dans sa banque. « Hé ! mon bon Paul, à quoi cela t'avance, de peindre ? Comment peux-tu espérer faire mieux que ce que la nature a fait divinement bien ? Il faut que tu sois bien bêtasse ! »

Cédant, comme d'habitude, à la volonté paternelle, Cézanne s'efforce de s'intéresser à la comptabilité. Pour rompre la monotonie des travaux auxquels il est condamné, il couvre de dessins et de vers les marges du Grand Livre. C'est ainsi qu'il y inscrit ce distique :

Cézanne le banquier ne voit pas sans frémir
Derrière son comptoir naître un peintre à venir.

5. — La Léda.

(1880)

D'autres fois, incapable de résister à son inspiration, il s'échappait des bureaux et courait au Jas de Bouffan[1] (le gîte du vent), où il peignait sur les murs du salon de vastes compositions ; tels les quatre grands panneaux que, par farce d'écolier, il a signés : Ingres[2].

Et enfin, arrive un jour où son père, ne pouvant plus sans tyrannie contrarier une vocation aussi marquée, lui permet de reprendre le chemin de Paris.

Cézanne, à qui la séparation avait fait oublier les malentendus ou froissements de naguère, est tout heureux de retrouver son cher Zola : il se loge boulevard Saint-Michel, en face l'école des Mines, fréquente de nouveau l'atelier Suisse, et se lie avec Pissarro, Guillaumain et Oller, par qui il fait la connaissance de Guillemet.

Les rapports avec sa famille sont toujours très affectueux, mais non sans tiraillements, à cause de cette « maudite » peinture. Aussi Cézanne, impatient de donner la mesure de son talent, se présente-t-il à l'examen d'admission de l'école des Beaux-Arts. Il ne réussit pas. Un des examinateurs, M. Mottez, devait nous donner la raison de son insuccès : « Cézanne a un tempérament de coloriste : par malheur, il peint avec excès. » Après cet échec, le candidat malheureux ne voyant pas sans appréhension s'approcher l'heure de son [illegible] à Aix pour les vacances, son ami Guillemet l'accompagne [illegible] plaider sa cause auprès de son père. Mais celui-ci en a pris [illegible] : jamais plus il ne tentera de détourner son fils de la v[illegible] il s'est engagé avec une si belle obstination.

1. [illegible] propriété que son père possédait aux environs d'Aix, et où lui-même [illegible] jusqu'au terme de sa vie.

2. [illegible] cette même pièce d'autres compositions également peintes sur les murs. [illegible] Cézanne peignait même ses sujets les uns sur les autres.

6. — La Tentation de Saint Antoine.
(1870).

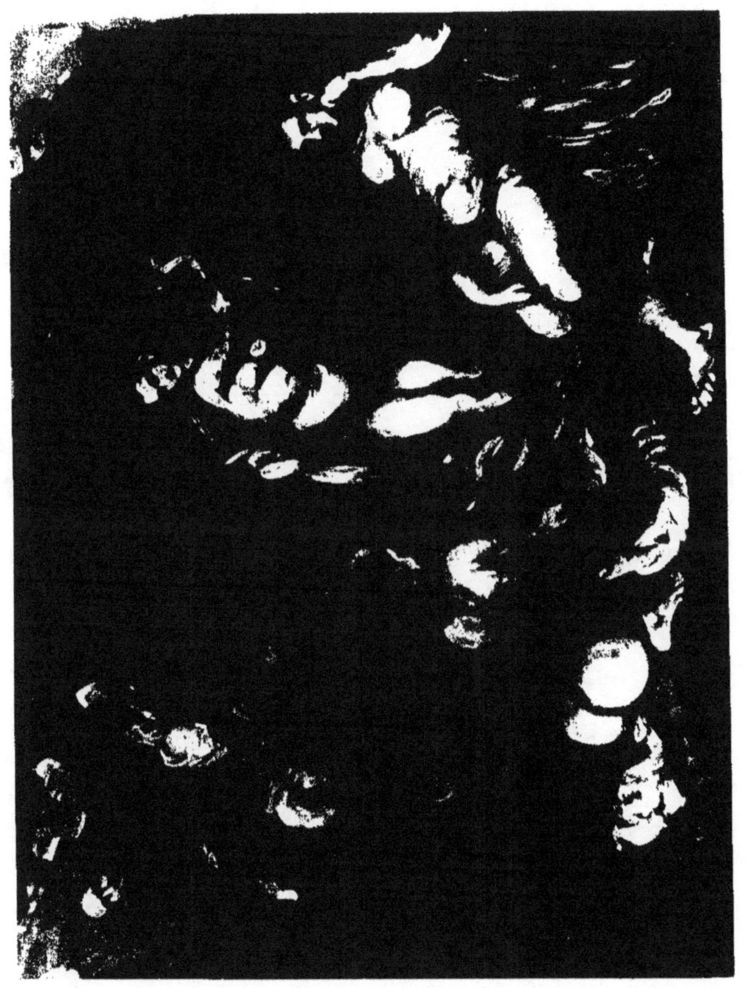

De retour à Paris, après quelques mois passés à Aix, Cézanne prend un atelier rue Beautreillis, près de la Bastille. Il y peint notamment plusieurs importantes natures mortes, entre autres : *Un pain et des œufs*, ainsi qu'une grande esquisse de *Femmes au bain*,

sous l'inspiration de Rubens (le tableau des *Baigneuses* du Claude Lantier de Zola).

Un vieux peintre, qui a connu Cézanne à cette époque, me disait de lui : « Oui, je me le rappelle bien ! Il portait un gilet rouge, et avait toujours dans sa poche de quoi payer à dîner à un camarade. »

C'était l'habitude de Cézanne, quand il avait de l'argent en poche, de se hâter de le dépenser avant d'aller se coucher. « Pardieu, disait-il à Zola, qui le trouvait prodigue, si je mourais cette nuit, voudrais-tu que mes parents héritent ? » En même temps que prodigue, il était terriblement bohême. Ses amis ne racontaient-ils pas qu'il lui arrivait, au cours de ses promenades, de s'étendre sur les bancs disposés dans des terrains vagues, autour du jardin du Luxembourg, et, par crainte que les rôdeurs ne lui dérobent ses souliers pendant son sommeil, de les enlever et de s'en servir comme d'oreiller ? Toutes ces histoires faisaient le désespoir de Zola, qui était déjà pour le confort bourgeois, et avait un jour de réception avec thé et petits gâteaux. Outre ses visiteurs assidus Cézanne et Baille, — qui poursuivait maintenant à Paris le cours de ses études scientifiques, — il y venait aussi Antony Valabrègue; un jeune poète aixois, Marion, autre compatriote dont l'ambition était d'être peintre, mais qui devait finir dans la peau d'un professeur de sciences; Guillemet et Marius Roux, un très élégant jeune homme, si propre, si tiré à quatre épingles que Zola disait de lui, avec une admiration un peu ironique : « Ce Roux, ce n'est pas chez lui qu'on verrait jamais la marque du genou au pantalon ! »

Il nous est facile de nous représenter quel était, à cette époque, l'état d'esprit de Zola, Baille et Cézanne. Le premier se montrait clairvoyant et pondéré; le second rêvait de se faire une bonne « position »; Cézanne était « le plus frissonnant et le plus tourmenté »[1] des trois.

De ses premières promenades à travers le musée du Louvre, le jeune peintre ressentait une impression très confuse, une vision abasourdissante de lumière et de couleur. Suivant ses propres

1. *Emile Zola, Notes d'un ami*, par Paul Alexis. Charpentier, 1882, p. 59.

expressions, le spectacle qui s'offrait à ses yeux lui apparaissait comme une « bouillie » lumineuse et colorée. Rubens, surtout, « l'épatait. » Sous son influence, il composait de grandes scènes d'un coloris fougueux. Zola, qui avait mis son ami en garde contre le réalisme, trouve, à présent, qu'il va trop loin dans l'exaltation romantique. Sur quoi Cézanne, par manière de détente, se mettait à brosser des pochades drôlatiques et pseudo réalistes, comme *La Femme à la Puce*. Ce tableau a disparu, de même qu'un autre du même temps représentant un homme nu, couché sur un lit de sangle. Le modèle qui avait posé pour cette académie était un brave homme de vidangeur dont la femme tenait

une petite crèmerie, où elle servait un bouillon de bœuf très apprécié de sa clientèle de jeunes rapins. Cézanne, qui avait inspiré confiance au vidangeur, lui demanda un jour de poser. L'autre parla de son « turbin ». — « Mais c'est la nuit que tu travailles ; le jour, tu ne fais rien ! » Le vidangeur allégua que, le jour, il se reposait. « Eh bien, je te ferai au lit ! » Le bonhomme s'était d'abord mis sous les draps, coiffé d'un beau bonnet de coton pour faire honneur au peintre ; mais, comme ce n'était pas la peine de faire des manières « entre amis », il enleva d'abord le bonnet, puis rejeta les draps, et finalement posa tout nu ; sa femme figurait dans le tableau, avec un bol de vin chaud qu'elle offrait à son mari.

L'opinion courante de la critique officielle, touchant les travaux de Cézanne, était qu'il faisait sa peinture en visant une toile blanche avec un pistolet chargé jusqu'à la gueule de couleurs variées ; aussi appelait-on communément sa manière « peinture au pistolet ». A la vérité, nul, plus que Cézanne, n'avait le souci de montrer au public qu'il y avait, dans ses œuvres, autre chose que l'effet du hasard : mais, s'il savait faire des tableaux, sa science ne s'étendait pas jusqu'à les expliquer, ni même à les pourvoir de titres quelconques. Pour l'étude susdite, son ami Guillemet vint à son secours en trouvant ce titre approprié : *Un après-midi à Naples*, ou le *Grog au vin*. Les autres études de Cézanne, sur le même thème, sont très postérieures à ce tableau, qui datait de 1863.

Cette même année, Cézanne fit la connaissance de Renoir. Celui-ci vit un jour entrer dans son atelier un de ses amis, Bazille, avec deux inconnus qu'il présenta à Renoir : « Je vous amène deux fameuses recrues. » C'étaient Cézanne et Pissarro. Cézanne connut aussi, vers la même époque, Manet, à qui il fut présenté, en même temps que Zola, par Guillemet. Il fut tout de suite pris par la force de réalisation de Manet. « Il crache le ton ! » s'exclamait-il ; seulement, à la réflexion, il ajoutait : « Oui, mais il manque d'harmonie, et aussi de tempérament. » C'était d'ailleurs bien simple. Cézanne avait divisé la peinture en deux genres : la peinture « bien couillarde », la sienne ; et la peinture qui n'était pas « couillarde », celle des « ôttres ». De cette seconde catégorie était notamment Corot, dont Guillemet lui parlait sans cesse ; à quoi Cézanne répondit un jour : « Ton Corrot, tu ne trouves pas qu'il manque un peu de temmpérammenn ? ». Il ajouta : « Je viens de terminer le portrait de Valabrègue ; le point lumineux sur le nez, c'est le vermillon pur ! »

7. — Scène de plein air.

(1870)

Mais, si l'on ne peut parler que par ouï-dire de la *Femme à la Puce*, de l'*Après-Midi à Naples* et des *Baigneuses*, il existe de sa jeunesse d'autres toiles du plus grand intérêt : le *Jugement de Pâris* (1860) (pl. 2), un portrait du peintre par lui-même (1864) (pl. 3), le *Portrait de Valabrègue* (1865), le *Portrait du Nègre Scipion* exécuté à l'atelier Suisse (1865) (pl. 4), le *Portrait de Marion* (1865), *Le pain et les œufs* dont il a déjà été parlé (1865), etc.

III

CÉZANNE ASPIRE AU SALON DE BOUGUEREAU

(1866-1895)

En 1866, Cézanne résolut d'affronter le Salon officiel. Il porta son choix sur l'*Après-Midi à Naples* et la *Femme à la Puce*, qui, à son avis, pouvaient être compris de tous les « bourgeois » du jury. Cézanne, sans le sou ce jour-là, était hors d'etat de payer les services d'un commissionnaire. Prenant bravement son parti, il chargea les toiles sur une petite voiture et, aidé d'amis complaisants qui poussaient, il s'achemina, au milieu des rires et des quolibets, vers le Palais de l'Industrie. A son arrivée au Salon, Cézanne fut [illegible] d'une ovation de la part des jeunes peintres qui le portèrent [illegible] triomphe.

Est-il besoin de dire que le jury ne partagea pas cet enthousiasme ? Les deux tableaux furent refusés. Sur quoi Cézanne

d'adresser une protestation au surintendant des Beaux-Arts, M. de Nieuwerkerke. Cette protestation étant restée sans réponse, le peintre revint à la charge par la lettre suivante[1] :

1. *Archives du Louvre*, X. [illegible], 1866.

8. — La Promenade.
(1871)

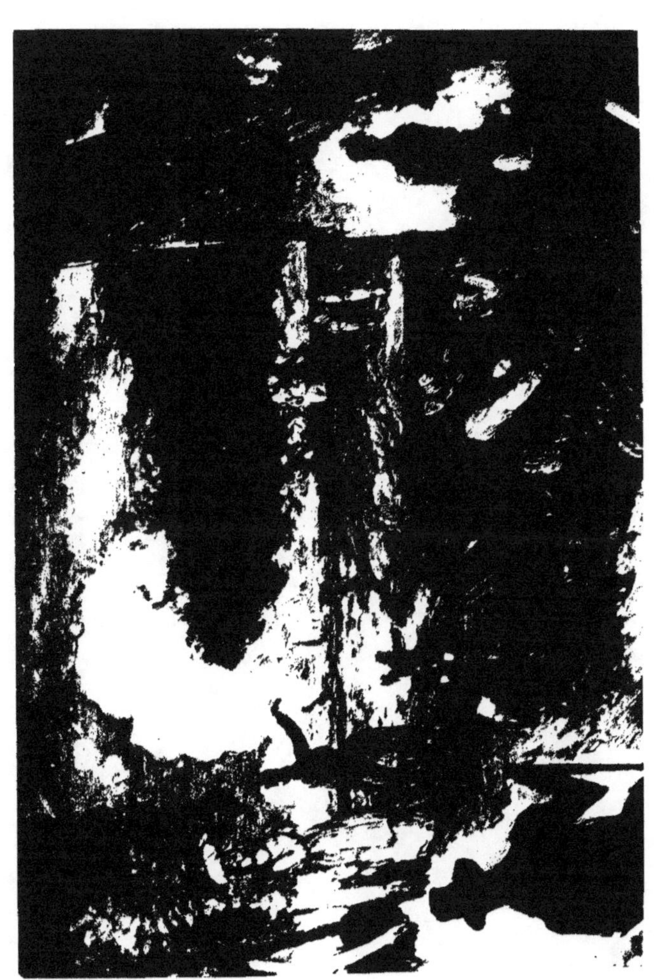

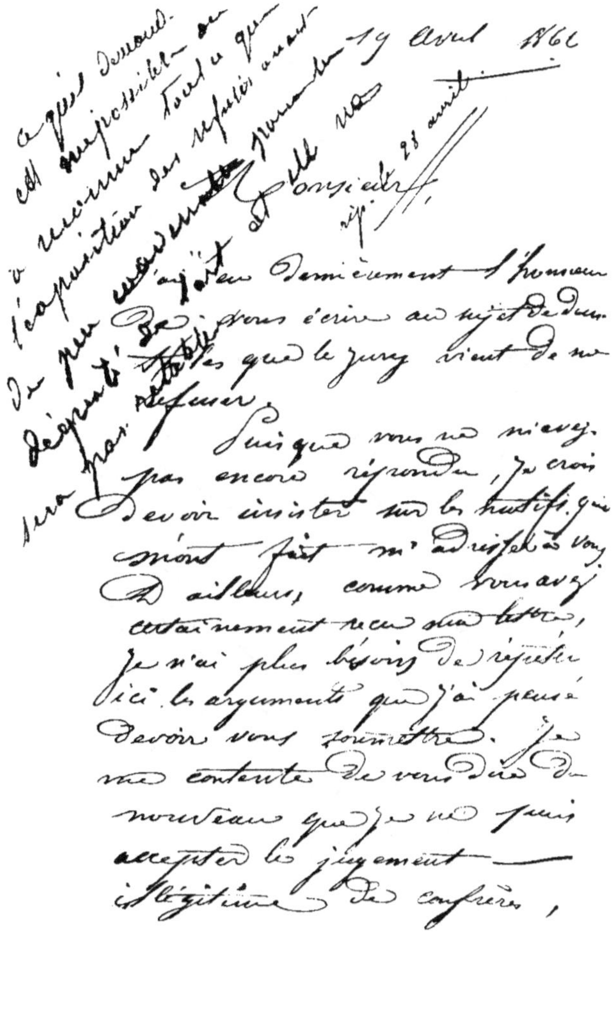

19 avril 1866

Rép. 28 avril

Monsieur,

J'ai eu dernièrement l'honneur de vous écrire au sujet de deux toiles que le jury vient de me refuser.

Puisque vous ne m'avez pas encore répondu, je crois devoir insister sur les motifs qui m'ont fait m'adresser à vous. D'ailleurs, comme vous avez certainement reçu ma lettre, je n'ai plus besoin de répéter ici les arguments que j'ai pensé devoir vous soumettre. Je me contente de vous dire de nouveau que je ne puis accepter le jugement illégitime de confrères,

Ce qu'il demande est impossible on a reconnu toujours combien l'exposition des refusés avait été peu convenable pour la dignité de l'art et elle ne sera pas rétablie.

auxquels je n'ai pas donné moi-même mission de m'apprécier.

Je vous écris donc pour appuyer sur ma demande. Je désire en appeler au public et être exposé quand même. Mon vœu ne me paraît avoir rien d'exorbitant, et si vous interrogiez tous les peintres qui se trouvent dans ma position, ils vous répondraient tous qu'ils renient le Jury et qu'ils veulent participer d'une façon ou d'une autre à une exposition qui doit être forcément ouverte à tout travailleur sérieux.

Que le salon des refusés soit donc rétabli. — Dussé-je m'y trouver seul, je souhaite ardemment que la foule sache au moins que je ne tiens pas plus à être confondu avec ces messieurs du jury qu'ils ne paraissent désirer être confondus avec moi.

Je compte, monsieur, que vous voudrez bien ne pas garder le silence. Il me semble que toute lettre convenable mérite une réponse.

Veuillez agréer, je vous prie, l'assurance de mes sentiments les plus distingués.

Paul Cézanne

22, rue Beautreillis.

On voit que, dès le début, s'est manifestée contre Cézanne cette hostilité des « officiels », que rien ne parviendra à désarmer. Mais il devait, peu après, avoir sa revanche. Zola avait été chargé de rendre compte, dans l'*Événement*, du Salon de 1866. Avec les notes détaillées que lui remettait Guillemet, il écrivit sur Meissonnier, Signol, Cabanel, Robert Fleury, Olivier Merson, Dubufe, et bien d'autres, des articles dont le succès de scandale fut si grand que l'on dut arrêter la publication du *Salon* dans l'*Événement*. Cézanne ne se tenait pas de joie : « X... de D..., ne cessait-il de s'écrier, comme il les arrange bien, tous ces merdeux ! »

De cette année 1866 datent aussi les réunions du café Guerbois, où se rencontraient Manet, Fantin, Guillemet, Zola, Cézanne, Renoir, Stevens, Duranty, Cladel, Burty, pour ne citer que ceux-là. Ce fut Guillemet qui conduisit Cézanne au café Guerbois ; mais, décidément, Cézanne ne pouvait s'y plaire. « Tous ces gens-là sont des salauds ! disait-il à Guillemet. Ils sont aussi bien mis que des notaires ! » Alors il posait au philosophe cynique. Manet, lui demandant, un jour, ce qu'il préparait pour le Salon, s'attira cette réponse : « Un pot de m.... »

Dans les derniers mois de l'année 1866, Cézanne qui, après le

9. — Les Toits rouges.

(1870)

Salon, était allé se reposer quelques semaines sur les bords de la Seine à Bennecourt, chez Zola, fit un voyage à Aix et exécuta au Jas de Bouffan le portrait de son père, assis dans un fauteuil et lisant son journal. De la même époque date le portrait d'*Achille Emperaire* ; l'*Enlèvement* vient un peu après ; et enfin, en 1868, on peut citer le *Festin*, influencé directement de Rubens, et *La Léda au Cygne*, qu'il composa d'après une gravure. L'idée de cette composition lui avait été suggérée par un célèbre tableau de Courbet, tout différent d'ailleurs : *La Femme au Perroquet*. Cézanne s'était écrié en le voyant : « Moi, je ferai une *Femme au Cygne !* » Une autre femme nue, dans la même position, mais sans l'oiseau et d'une forme moins archaïque, fut peinte, plus de dix ans après, en vue d'une illustration de *Nana*. Dans un coin de cette dernière toile, il y a une petite nature morte (pl. 8).

Je demandais, une fois, à Cézanne, quelle existence ils avaient menée, Zola et lui, pendant la guerre. Il me répondit : « Écoutez un peu, M. Vollard ! Pendant la guerre, j'ai beaucoup travaillé sur le motif à l'Estaque.

« Je n'ai, d'ailleurs, aucun événement extraordinaire à vous raconter sur les années 70-71. Je partageais mon temps entre le paysage et l'atelier. Mais s'il ne m'arriva pas d'aventure pendant ces époques troublées, il n'en fut pas de même de mon [illegible] qui eut toutes sortes d'avatars, notamment à son retour définitif de Bordeaux à Paris. Il m'avait promis de m'écrire aussitôt qu'il serait fixé sur son sort : ce fut seulement après quatre longs mois qu'il put tenir sa promesse !

« N'ayant pas réussi à faire agréer ses services par le gouvernement de Bordeaux, Zola s'était résigné à rejoindre Paris. Le pauvre y était arrivé vers le milieu de mars 71 : quelques jours après, l'insurrection éclatait. Pendant deux mois il n'en avait pas mené large : nuit et jour le canon, et, vers la fin, les obus sifflant au dessus de sa tête, dans son jardin. Enfin, au mois de mai, menacé d'être arrêté comme otage, il avait pris la fuite, à l'aide d'un passeport prussien, et était allé se terrer à Bonnières.

« Seulement, voyez-vous, Zola est très fort ! Quand il se retrouva tranquillement aux Batignolles, après la Commune, toutes ces choses terribles auxquelles il avait été mêlé n'eurent plus à ses yeux que l'importance d'un mauvais songe.

« Lorsque je vois, m'écrivait-il, que mon pavillon n'a pas bougé, « que mon jardin est resté le même, que pas un meuble, pas une plante « n'a souffert, je puis croire que les deux sièges sont des histoires « de croquemitaine inventées pour effrayer les petits enfants. »

« Je regrette, M. Vollard, de n'avoir pas conservé cette lettre. Je vous aurais montré un passage où Zola se désolait de ce que tous les imbéciles ne fussent pas morts !

« Mon pauvre Zola ! Il en aurait été bien en peine, lui le premier, si tous les imbéciles étaient morts en 1870. Figurez-vous que je lui ai justement rappelé cette phrase de sa lettre, histoire de rire, un des derniers soirs que je l'ai vu. C'était un soir où, l'ayant rencontré, il me disait qu'il avait été invité à dîner chez un gros personnage auquel il avait été présenté par M. Frantz Jourdain. « Tout de même,

10. — La Nouvelle Olympia.

(1872)

« lui disais-je, si ton vœu s'était réalisé, tu serais forcé de manger « tes restes de daube avec ta bourgeoise! » Eh! bien, croiriez-vous que mon vieil ami n'a pas eu l'air content ?

« Dites, M. Vollard, si l'on ne peut pas plaisanter un peu quand on a usé ensemble ses fonds de culotte sur les mêmes bancs d'école! »

Cézanne reprit : « Zola terminait sa lettre en me pressant de rentrer, moi aussi. « Un nouveau Paris est en train de naître, m'expliquait-il, c'est notre règne qui arrive! » Notre règne qui arrive! Je trouvais que Zola exagérait un peu, pour ce qui me concernait du moins. Mais, tout de même, cela me disait, de retourner à Paris. Il y avait trop longtemps que je n'avais pas vu le Louvre! Seulement, comprenez, M. Vollard, j'avais en ce moment un paysage qui ne venait pas bien. Aussi je restai quelque temps encore, à étudier sur le motif. »

Peu après son retour à Paris (1872), Cézanne rencontra le Dr Gachet, un fervent de la peinture nouvelle. Les tendances révolutionnaires que l'excellent docteur crut flairer dans l'art de Cézanne le ravirent, et il engagea vivement le peintre à venir travailler à Auvers, où lui-même exerçait. Il confia d'ailleurs à Cézanne qu'il s'était mis, lui aussi, à peindre, du jour où il lui avait été donné de voir la peinture claire. Enchanté de découvrir tant d'amabilité chez quelqu'un « de la partie », Cézanne suivit son « confrère » à Auvers, où il devait rester deux années. En vain sa famille le rappelle-t-elle. La raison du peu d'enthousiasme de Cézanne pour Aix, nous la trouvons dans la lettre suivante :

« C'est que, quand je suis à Aix, je ne suis pas libre ; « lorsque je désire retourner à Paris, c'est une lutte à soutenir, et, « quoique votre opposition ne soit pas très absolue, je suis [illegible]

« affecté de la résistance que j'éprouve de votre part. Je désirerais « vivement que ma liberté d'action ne soit pas entravée, et je n'en « aurais que plus de joie à hâter mon retour parmi vous ; car j'aurais « grand plaisir à travailler dans le Midi, dont les aspects offrent « tant de ressources, et j'y pourrais faire les études que je désire « poursuivre..... »

Pissarro travaillait aussi à Auvers, et engageait Cézanne à ne pas se laisser influencer par les maîtres. Sous l'impulsion des conseils de son ami, mais non pas sans se faire violence, Cézanne résolut en effet de dominer son esprit romantique ; c'est alors que commença proprement, chez lui, la lutte entre les deux tendances opposées[1].

Après la guerre, le café Guerbois avait été délaissé. Les anciens habitués de l'endroit se réunissaient surtout à la *Nouvelle Athènes*. Cézanne me parlait un jour de Forain, qu'il avait aperçu à la *Nouvelle Athènes*, un Forain tout jeune. — « Le bougre, il savait déjà indiquer le pli d'un vêtement ! »

A la *Nouvelle Athènes* comme au Guerbois, la personnalité dominante était Manet. En 1870, Fantin Latour, dans un tableau célèbre, avait réuni quelques-uns des habitués du Guerbois autour de Manet, assis à son chevalet. Manet, dans ce tableau, donnait déjà l'impression d'un maître autour duquel se pressaient des disciples. Seul, Cézanne continuait à montrer de la méfiance devant l'extraordinaire facilité de l'auteur de l'*Olympia*. « Une belle tache, pourtant ! » disait-il, en parlant de cette toile à laquelle, comme l'on sait,

1. Je n'ai pas parlé des toiles exécutées de 1869 à 1873. On peut citer : *La Tentation de Saint-Antoine*, 1870 (pl. 6), *Scène de plein air*, où le peintre se représente dans l'homme étendu par terre, 1870 (pl. 7), *La Promenade*, 1871 (pl. 8), *Les Toits Rouges*, 1869 (pl. 9), *La Moderne Olympia*, 1872 (pl. 10), *L'Homme au chapeau de paille*, 1872 (pl. 11), *La Maison du Pendu*, 1873, *La Chaumière dans les arbres*, 1873 (pl. 12) et la *Tentation de Saint-Antoine*, 1873 (pl. 13).

11. — L'Homme au chapeau de paille.

(1872)

il a voulu opposer une nouvelle *Olympia*, d'un esprit plus « moderne » (pl. 10). Manet, lui, n'y allait pas par quatre chemins à l'égard de l'auteur de l'*Après-midi à Naples*, quand il disait à Guillemet : « Comment peux-tu aimer la peinture sale ? »

J'ai demandé à un peintre de m'expliquer pourquoi Manet avait pu être regardé comme un chef d'école, même quand il copiait les Espagnols, même quand il abandonnait ses magnifiques noirs pour faire de l'impressionnisme à la suite de Monet. « C'est que, — me répondit l'artiste, — le procédé compte peu en art. Ce qui fait de Manet un véritable précurseur, c'est qu'il apportait une formule simple à une époque où l'art officiel n'était que boursouflure et convention. Vous savez le mot de Daumier : Je n'aime pas absolument la peinture de Manet, mais j'y trouve cette qualité énorme : ça nous ramène à Lancelot. » (*figure du jeu de cartes*).

Ce que Cézanne disait de Manet, avait l'air de boutades. Un jour cependant que le hasard me fit le rencontrer au Luxembourg devant l'*Olympia*, je crus bien qu'il allait s'exprimer pleinement sur son « confrère. » Cézanne était accompagné d'un de ses amis : « Mon ami X..., — me dit-il, — a voulu me faire revoir l'*Olympia*... »

J'appris à Cézanne qu'on parlait de mettre cette toile au Louvre. A ce mot de Louvre : « Ecoutez un peu M. Vollard !.. »

Mais son attention fut subitement attirée par le geste d'un Monsieur qui sortait de la salle en faisant de la main un signe amical *aux Raboteurs de Parquet*, de Caillebotte. Cézanne éclata de rire : « Carolus !.. Il voit qu'il s'est foutu dedans avec Velasquez !..

« Celui qui veut faire de l'art doit suivre Bacon. Il a défini l'artiste : *Homo additus naturae*... Bacon est très fort!.. Mais dites M. Vollard, en parlant de la nature, ce philosophe ne prévoyait pas notre école du plein air, ni cette autre calamité qui est venue s'y joindre : le plein air d'appartement !.. »

Deux personnes s'étaient arrêtées devant les paysages de Cézanne accrochés un peu plus loin. Je le fis remarquer au maitre. Il s'approcha à son tour et jeta un coup d'œil : « Comprenez M. Vollard, j'ai appris beaucoup avec le portrait que je fais de vous... (voir ch. VI) Tout de même on met maintenant des cadres à mes toiles !.. »

Revenant à C. Duran dont l'adhésion à l'*impressionnisme* lui paraissait certaine. « Le bougre, il af... le pied au c... des Beaux-Arts !.. Dites M. Vollard, peut-être ne trouvait-t-il plus acheteur, le pauvre ! »

M. X. : « Quand on pense que les succès de jadis de Carolus Duran avaient rendu jaloux jusqu'à Manet ! Un jour, Astruc l'attrapait : « Pourquoi Manet es-tu si rosse avec tes confrères ? » — « Eh mon cher, si je gagnais seulement cent mille francs par an comme Carolus, je trouverais du génie à tout le monde, y compris toi et même Baudry ! »

Moi : Et ce mot de Manet à Aurélien Scholl, qui lui vantait son influence au Figaro : — « Eh bien, faites moi citer dans les enterrements !

Cézanne : « Ecoutez un peu M. Vollard, l'esprit parisien m'em... Excusez ! Je suis seulement peintre...

« Ça me sourirait assez de faire poser des nus au bord de l'Arc... Seulement, comprenez, les femmes sont des veaux, des calculatrices et elles me mettraient le grappin dessus !.. C'est effrayant la vie ! »

M. X., nous désignant l'*Olympia* : « Mais Victoire, celle qui posa ce tableau, quelle bonne fille c'était : Et si drôle !

« Un jour, elle arrive chez Manet : « Écoute, Manet, je connais une jeune personne charmante : la fille d'un colonel. Tu devrais faire quelque chose d'après elle, car la pauvre enfant est dans la purée. Seulement, vois-tu, elle a été élevée au couvent, elle ne sait rien de la vie, il faudra que tu la traites comme une de la haute, et que tu ne dises pas de cochonneries devant elle ! » Manet promit d'être tout ce qu'il y avait de plus convenable. Le lendemain, Victoire arrive avec la fille de l'officier supérieur, et dit à celle-ci : « Allons, ma belle, montre ton casimir au monsieur! »

Cézanne ne parut pas goûter le moins du monde cette plaisante histoire. Il nous quitta l'air très préoccupé. Sans doute il était toujours poursuivi par cette idée que les femmes sont « des veaux et des calculatrices! »

En 1874, Cézanne participait avec Pissarro, Guillaumin, Renoir, Monet, Berthe Morizot, Degas, Bracquemond, de Nittis, Brandon, Boudin, Cals, G. Colin, Latouche, Lépine, Rouart et quelques autres peintres plus ou moins « novateurs », en tout une trentaine à l'exposition de la *Société anonyme des Artistes peintres, sculpteurs et graveurs*, chez Nadar, 35, Boulevard des Capucines. Cette exposition remporta le même genre de succès que le *Salon des Refusés*. A un autre point de vue encore, le public devait trouver matière à protestation. Alors qu'on visitait pour rien le *Salon des Refusés*, annexe du *Salon Officiel*, il fallait mettre la main à la poche pour voir les

Impressionnistes. Tel fut le nom donné spontanément à ces peintres, par le public, à la vue dans l'exposition, de l'*Impression* de Monet.

Cézanne eut la surprise singulière de trouver un amateur pour une des toiles qu'il avait envoyées. *La Maison du Pendu* — aujourd'hui au Louvre — fut acquise par le Comte Doria qui avait déjà témoigné de la « liberté » de ses goûts en découvrant Cals et

Gustave Colin : mais dois-je ajouter que l'acquisition « extravagante » du tableau de Cézanne risqua de le discréditer auprès des « connaisseurs » de son entourage ?

Trois ans plus tard, en 1877, Cézanne expose de nouveau, avec quelques membres du même groupe au n° 6 de la rue Lepeletier, dans un appartement à louer. Sur l'avis de Renoir, les manifestants prennent sans hésitation le nom d'« impressionnistes ». Ce n'était pas prétendre à une peinture nouvelle : c'était dire clairement et honnêtement au public : « Voilà cette peinture que vous n'aimez pas ! Si vous entrez, tant pis pour vous ; on ne rend pas l'argent. » Mais telle est la puis-

12. — La Chaumière dans les arbres.

(1873)

12

sance des mots qu'on finit par croire qu'un mot nouveau signifiait une école nouvelle. Le malentendu subsiste aujourd'hui encore. On continue à voir des faiseurs de théories dans des artistes dont l'unique objectif a été de peindre, à l'exemple des anciens, avec des couleurs joyeuses et claires.

Derechef, les toiles de Cézanne, à cette exposition, avaient soulevé une réprobation unanime. Huysmans, notamment, tout en célébrant la probité d'art du peintre, parla « de désarçonnants déséquilibres : de maisons, penchées d'un côté, comme pochardes; de fruits de guingois dans des poteries saoules... » (pl. 14).

Encore bien que, à ce moment comme durant toute sa vie, la peinture ait été la passion dominante de Cézanne, les chefs-d'œuvre de la littérature étaient loin, eux aussi, de le laisser insensible. Sa prédilection allait à Molière, Racine, La Fontaine; parmi les auteurs contemporains, il mettait très haut les Goncourt, Baudelaire, Théophile Gautier, Victor Hugo, en un mot, tous ceux qui s'expriment en images colorées. A l'occasion d'un poème que Gautier avait écrit en l'honneur de Delacroix, il alla jusqu'à composer un vers en hommage au poète :

Gautier, le grand Gautier, le critique influent.

Cézanne était même un des habitués de la maison de Nina de Villard, si accueillante aux poètes du temps. Tout s'y passait sans le moindre faste ; on faisait réchauffer les plats pour celui qui n'avait pas dîné, on se serrait pour lui faire une place à table; enfin il y avait toujours de quoi fumer. Ce fut là que Cézanne rencontra Cabaner, un de ses admirateurs de la première heure.

Cabaner était un très brave homme, un peu poète, un peu musicien, un peu philosophe. Il n'est pas besoin d'ajouter que la Fortune

13. — La Tentation de Saint Antoine.

(1873)

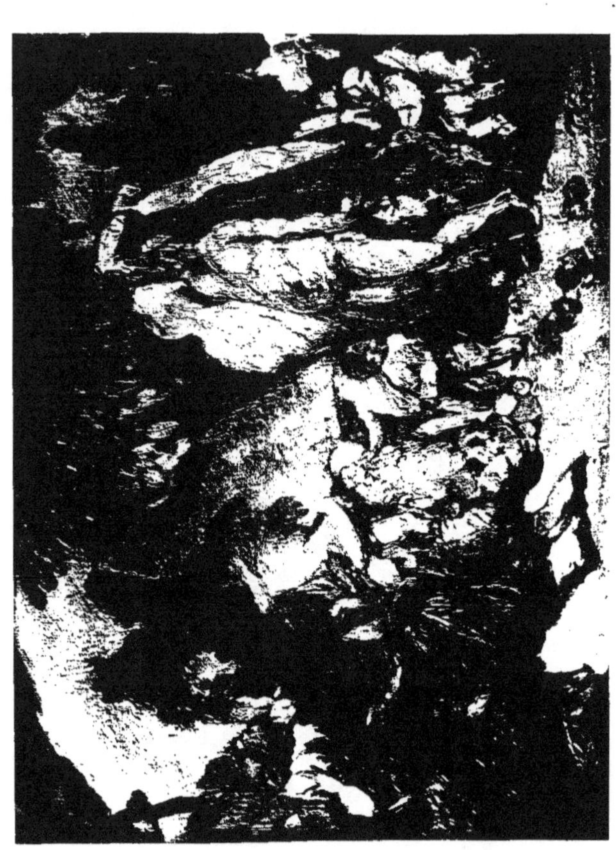

ne lui accordait pas ses faveurs. Mais il n'était jaloux de personne, si forte était sa croyance en son génie de musicien. Son sentiment intime n'en était pas moins que la Destinée, dans son injustice,

ferait de lui un méconnu. C'était de bonne grâce qu'il en avait pris son parti. « Moi je resterai surtout comme philosophe. » Ses mots sont légendaires : « Mon père, disait-il, était un type dans le genre de Napoléon, mais moins con... ». Une autre fois : « Je ne me savais pas si connu. J'ai été salué hier par tout Paris. » Cabaner n'ajoutait pas qu'il suivait un enterrement. Pendant le siège de Paris, à la vue des obus qui pleuvaient, Cabaner questionnait curieusement Coppée : « D'où viennent ces boulets? » Coppée charitablement :

« Ce sont, apparemment, les assiégeants qui nous les envoient ». Cabaner, après un silence : « Est-ce toujours les Prussiens ? ». Coppée, hors de lui : « Qui voulez-vous donc que ce soient ? ». Cabaner : « Je ne sais ; ...d'autres peuples ! »

L'originalité n'était pas moindre, dans les réparties de Cabaner sur le terrain musical, le sien. Des applaudissements ayant salué un morceau de Gounod qu'il avait joué après une composition de son crû : « Oui, dit Cabaner, ce sont deux belles choses ». Et à cette question : « Pourriez-vous rendre le silence en musique ? » Cabaner n'hésitait pas : « Il me faudrait pour cela le concours de trois orchestres militaires ! »

Cézanne lui accordait du talent, comme en témoigne la lettre par laquelle il recommande le musicien à son ami Roux[1], mais

1

14. — Compotier de fruits.

(1877

ceux que l'amitié n'aveuglait pas étaient d'un avis différent. Cézanne tenait d'ailleurs la musique pour un art inférieur, à l'exception de l'orgue de Barbarie et de la musique des forains, dont la mélancolie charmait son âme sentimentale. Il en goûtait aussi la précision. « Ceux-là réalisent ! » disait-il.

Cabaner n'était pas le seul à prodiguer ses encouragements à

Cézanne. Celui-ci avait trouvé un grand « appui moral » en un modeste employé de ministère, collectionneur à ses heures, M. Chocquet, qu'il avait connu par Renoir. Très épris de l'art de Delacroix, M. Chocquet retrouvait dans la peinture de Renoir son maître favori. Des relations s'établirent ainsi. Renoir ne manqua pas de lui parler de Cézanne, et lui fit même acheter une étude de *Baigneuses*. Le plus difficile restait à faire : introduire chez lui cette petite toile, M. Chocquet craignant le mécontentement de sa femme. Il convint donc avec Renoir que celui-ci apporterait le tableau, sous prétexte de le faire voir, et « oublierait », en s'en allant, de le reprendre, pour laisser à Mme Chocquet le temps de s'y habituer. Ainsi fut fait. Renoir arriva avec la petite toile. « Oh! que c'est curieux ! » s'écria M. Chocquet, en élevant un peu la voix, pour attirer l'attention de sa femme. Et l'appelant : « Marie, regarde donc cette peinture que Renoir me faisait voir ! » Mme Chocquet fit un compliment de circonstance, et Renoir, en s'en allant, « oublia » le tableau.

Quand Mme Chocquet, par amour pour son mari, en vint à tolérer les *Baigneuses*, M. Chocquet demanda à Renoir de lui amener Cézanne. Celui-ci, qui n'apportait pas grand soin à sa toilette, arriva coiffé d'une vieille casquette empruntée à Guillaumin : l'accueil n'en fut pas moins chaleureux. Les premiers mots de Cézanne à M. Chocquet furent : « Renoir m'a dit que vous aimiez Delacroix ? » — « J'adore Delacroix, nous regarderons ensemble ce que je possède de lui. » On commença par admirer les tableaux accrochés au mur ; les tiroirs où les aquarelles étaient gardées, à l'abri de la lumière, furent ensuite vidés. Les meubles ayant été vite encombrés, le reste fut déposé à terre, et M. Chocquet et Cézanne, à genoux, se passaient les Delacroix.

L'admiration de M. Chocquet pour les tableaux de Cézanne ne fit que grandir en même temps que son estime pour l'homme, qui devint très vite le familier de la maison. M. Chocquet ne perdait pas une occasion de faire l'éloge de Cézanne. On ne pouvait parler de peinture devant lui, sans l'entendre jeter ces deux mots : « Et Cézanne ! » Il n'arriva jamais, d'ailleurs, à lui faire acheter la moindre toile ; trop heureux s'il réussissait à se faire écouter lorsqu'il parlait de « son peintre ».

C'est ainsi qu'un jour il arriva, tout joyeux, chez Renoir. Il avait obtenu qu'un de leurs amis communs, M. X., fort riche et qui, pour prouver son amitié à Renoir, lui donnait quelquefois deux cents francs d'une grande toile, acceptât une petite étude de Cézanne. « Je ne vous demande pas de l'accrocher chez vous, avait dit M. Chocquet, en offrant timidement son cadeau... » — « Oh ! non, protesta M. X., quel exemple à donner à ma fille, qui apprend le dessin ! » — « Mais, avait repris M. Chocquet, vous me feriez tant plaisir en me promettant de regarder ces *Pommes* de temps en temps ; vous n'avez qu'à mettre ce bout de toile là, dans ce tiroir ! » Comme cela ne lui causait aucune dépense, M. X. avait souscrit à tout ce qu'on lui demandait. Quand, plus tard, les Cézanne montèrent de prix, M. X., retrouvant au fond du tiroir le petit tableau qu'il avait fini par oublier, le porta chez un marchand, incontinent. « Si ce fou de Chocquet était encore de ce monde, disait-il en se frottant les mains, combien il serait heureux de voir que ça se vend aujourd'hui ! »

Cézanne fit plusieurs portraits de M. Chocquet, dont un, très célèbre, où M. Chocquet est représenté assis dans un fauteuil ; ce tableau est de 1877 (pl. 15). C'est de cette même époque que date : *Les Baigneurs au repos* (pl. 16). L'ami Cabaner ayant trouvé que,

dans ce tableau, il y avait des parties « bien réussies », Cézanne lui fit aussitôt présent de la toile.

A partir de 1877, Cézanne n'exposa plus avec le groupe impressionniste. Aussi bien, seul comptait pour lui le Salon des Artistes Français. Quand un de ses amis y était reçu, il lui arrivait bien de lui dire ironiquement : « Il paraît que tu as du talent, maintenant ? » Mais ce n'en fut pas moins le rêve de toute sa vie de forcer ces portes qui restèrent obstinément fermées devant lui. A son point de vue, exposer au même salon que Bouguereau, c'était *f... le pied au c...* de l'Institut. On avouera qu'un tel langage n'était point fait pour lui concilier la bienveillance de la « bande à Bouguereau », et

15. — Portrait de M. Chocquet.

(1877)

d'autant moins que certains de ses propres amis le tenaient ouvertement pour un « raté ». Il n'était pas jusqu'à Baille qui, désormais redescendu sur terre, après ces crises poétiques où il clamait désespérément : « J'ai perdu mon idéal ! », n'eût fini par rompre toute relation avec son vieux camarade de collège, à qui il reprochait maintenant de n'avoir pas le sens des réalités, de n'être pas « une force sociale ! » Hâtons-nous de dire que Cézanne n'en voulut aucunement à l'ami Baptistin de cette défection.

Voici en quels termes un autre de ses anciens amis, Duranty, parle d'une visite qu'il fit à l'atelier de Cézanne, désigné sous le nom de Maillobert :

Mes yeux furent assaillis par tant d'énormes toiles suspendues partout, et si terriblement colorées, que je restai pétrifié. « Ah ! ah ! dit Maillobert avec un accent nasillard traînant et hyper-marseillais, Monsieur est amateur de peinture (peinnu—turrre)? Voilà mes petites rognures de palette ! » ajouta-t-il en me désignant ses plus gigantesques toiles...

Au même instant, on entend la voix d'un perroquet s'écrier : « Maillobert est un grand peintre... »

— C'est mon critique d'art ! me dit le peintre, avec un sourire troublant.

. . . .

Puis, comme il vit que je regardais curieusement une série de grands pots de pharmacie étalés par terre, et portant les inscriptions latines abrégées : *Jusqui. — Aqu. — Still. Ferrug. Rib. Sulf. Cup.*.

— C'est ma boîte à peindre, me dit Maillobert. Je fais voir aux ottres qu'avec des drogues j'arrive à la vraie peinture, tandis qu'eusse, avec leurs belles couleurs, ils ne font que des drogues !

. . . .

— Voyez-vous, me dit Maillobert, la peinture ne se fait qu'avec du tempérament, (il prononça : temmpérammennte)...

. . . .

Il trempa la cuiller dans un des pots de pharmacie, et en retira une vraie truellée de vert, qu'il appliqua sur une toile où quelques lignes indiquaient un paysage. Il tourna la cuiller en rond, et, à la rigueur, on put voir un pré dans ce qu'il venait de barbouiller. Je remarquai alors que la couleur, sur ses toiles, avait une épaisseur de près d'un centimètre, et formait des vallons et des collines comme sur un plan en relief[1]. Evidemment, Maillobert croyait qu'un kilogramme de vert était plus vert qu'un gramme de la même couleur[2].

Sans se décourager, Cézanne dirigeait, chaque année, vers le Salon, deux toiles, toujours refusées, lorsque soudain, en 1882, il eut la joie d'apprendre qu'un de ses envois, un portrait, venait d'être reçu ! Mais il faut ajouter qu'il entrait au Salon par la petite porte. Son ami Guillemet, qui faisait partie du jury et avait vainement tenté de le repêcher au second tour, l'avait pris « pour sa charité » : tout membre du jury avait alors le privilège de faire entrer au Salon la toile d'un de ses élèves, sans aucun examen. Le livret du Salon de 1882 porte donc cette mention, page 46 :

CÉZANNE Paul, élève de M. Guillemet, *Portrait de M. L. A.*

1. Après 1880 Cézanne cessa de peindre « épais » pour se mettre à peindre très mince s'étant aperçu, disait-il, que « la peinture », ce n'est pas la même chose que « la sculpture », ce qui ne devait d'ailleurs pas l'empêcher vers la fin de sa vie, de se remettre à peindre « épais ».

2. Duranty. *Le Pays des Arts*. Charpentier, pp. 316 à 320.

16. — Les Baigneurs au repos.

(1877)

Plus tard, dans un sentiment d'égalité, on ôta au jury ce droit régalien, ce qui enleva à Cézanne sa seule chance de pénétrer une seconde fois dans le Salon de Bouguereau. Mais le peintre devait avoir le bonheur d'être reçu dans un autre endroit non moins officiel : l'Exposition Universelle de 1889. Cette fois encore, il était admis par favoritisme, ou, plus exactement, par marchandage. On avait insisté auprès de M. Chocquet pour avoir un meuble précieux, que l'on tenait à voir figurer à cette exposition. Il ne refusa pas, en principe, de le prêter, mais mit comme condition expresse qu'on prît aussi une œuvre de Cézanne. Ce tableau, cela va sans dire, se trouva placé tout contre le plafond, de telle sorte que, seuls, son possesseur et son auteur pouvaient l'entrevoir [1].

N'importe, on imagine la joie de Cézanne de se voir *accroché*. Cette joie n'était toutefois pas sans mélange, son père n'ayant pu la partager. Il avait eu la douleur de le perdre quatre ans auparavant, en 1885 ; mais il lui restait la consolation de penser que ce père si regretté avait conservé une confiance inébranlable dans le triomphe final de son enfant. Cette foi si forte était entretenue chez M. Cézanne par son orgueil de père. Ne disait-il pas : « Moi, Cézanne, je n'ai pu avoir fait un crétin ! » Quant à la mère du peintre, qui n'allait mourir que huit ans plus tard, en 1897, et qui devait voir s'éveiller la faveur du public pour *les Cézanne*, si elle désirait ardemment voir les efforts de son fils récompensés, c'était parce qu'elle sentait combien il était malheureux d'être méconnu : autrement, qu'il vendît ou ne vendît pas, cela n'avait pas d'importance à ses yeux, puisque « le petit avait de quoi ».

En 1890, Cézanne exposa trois toiles aux « Vingt » de Bruxelles :

1. A cette époque Cézanne avait déjà produit son fameux tableau du *Mardi-Gras* (1888), pl. 17.

17. — Le Mardi-Gras.

(1888)

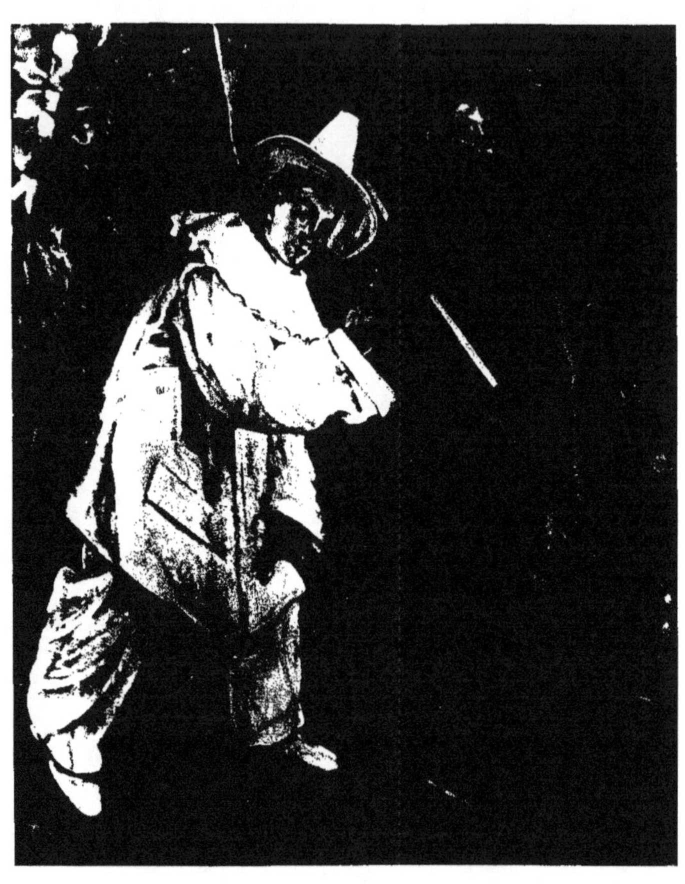

un *Paysage* appartenant alors à M. Robert de Bonnières, et aujourd'hui au musée de Berlin; une *Chaumière à Auvers-sur-Oise* de la collection Chocquet, et enfin une composition de *Baigneuses*[1]. Cette dernière toile subit bien des vicissitudes; elle fut criblée par le peintre de coups de couteau à palette, puis reprise, et finalement laissée en train. Deux ans après, en 1892, Cézanne exécuta l'une de ses œuvres les plus importantes: *Les Joueurs de cartes* (pl. 18), après avoir fait quelques études partielles d'après les divers personnages qui allaient y figurer. Il existe aussi une réduction du même sujet, moins la petite fille qui, debout près de la table, regarde le jeu.

Ce fut cette même année 1892 que je vis, pour la première fois,

1. « Tout cela est-il de nature à nous donner une idée quelconque de l'art jeune? » se demande la *Fédération artistique belge*? La réponse vient aussitôt : « Art brouillé avec la sincérité ». *Fédération artistique*. 26 janvier 1890.

des tableaux de Cézanne chez Tanguy, un petit marchand de couleurs de la rue Clauzel, qui s'était fait le bienfaiteur des artistes méconnus. Le Père Tanguy, pour avoir failli être fusillé injustement sous la Commune par le parti de l'ordre, se croyait devenu une sorte de révolté. En réalité, c'était un très brave homme faisant crédit aux peintres et s'intéressant passionnément à leurs travaux, mais avec une prédilection très marquée pour ceux qu'il appelait, avec emphase et respect, « ces messieurs de l'Ecole » : Guillaumin, Cézanne, Van Gogh, Pissarro, Gauguin, Vignon, pour en citer quelques-uns. « Être de l'Ecole » équivalait pour lui à cette autre qualité : « être moderne » ; et, pour arriver à un tel résultat, il fallait, avant tout, d'après le père Tanguy, bannir de sa palette « le jus de chique » et « peindre épais ». Celui qui avait l'audace de demander un tube de noir était donc mal vu dans la maison ; mais, dans son indulgente bonté, le père Tanguy rendait, en fin de compte, son estime au malheureux peintre qui cherchait à gagner sa vie honnêtement avec le noir d'ivoire. Et d'ailleurs, semblable en ceci à ces bourgeois si honnis, le brave Tanguy, au fond de lui-même, était persuadé que le travail et la bonne conduite ne sont pas seulement des conditions nécessaires, mais des éléments certains de réussite. Aussi, devant telle étude peinte avec le pire jus de chique, lui arrivait-il de dire candidement de son auteur : « Il n'est pas de l'Ecole, il aura du mal à percer : mais il finira tout de même par arriver, car il ne joue pas aux courses et ne va jamais au café. »

Comme la mode n'était pas encore venue de payer « les horreurs » très cher, ni même d'ailleurs bon marché, on ne prenait guère le chemin de la rue Clauzel. Si cependant un amateur se présentait pour les Cézanne, Tanguy le conduisait dans l'atelier du peintre, dont il avait la clef, et où l'on pouvait choisir, parmi les

Etude de Nus.

Peinture à l'huile, 1904.

(Page 52.)

différentes piles de tableaux, au prix fixe de 40 francs pour les petits et de 100 francs pour les grands. Il y avait aussi les toiles sur lesquelles Cézanne avait jeté des petites études de sujets différents. Il s'en remettait à Tanguy du soin de les séparer. Ces bouts d'études étaient destinés aux amateurs qui ne pouvaient mettre ni 100 francs, ni même 40 francs. C'est ainsi qu'on pouvait voir Tanguy, des ciseaux à la main, débiter de petits motifs, tandis que quelque Mécène pauvre, lui tendant un louis, se préparait à emporter trois *pommes* de Cézanne.

Lorsque je connus Tanguy, les choses avaient un peu changé. Non pas que les amateurs fussent devenus plus clairvoyants : mais Cézanne avait repris la clef de son atelier, et le père Tanguy, qu'Emile Bernard avait fini par persuader de la supériorité possible de certaines œuvres sur d'autres, tenait les quelques Cézanne qui lui restaient pour un trésor sans prix. Il n'allait pas toutefois jusqu'à user de l'argument de la « collection privée, » moyen dont il ignorait le pouvoir de fascination sur l'acheteur ; il ne savait pas non plus prétexter les goûts personnels de Mme Tanguy pour hausser le prix d'une toile ; mais, rêvant de faire, plus tard, le coup qui lui permît d'assurer son terme et d'ouvrir des crédits illimités même aux peintres qui « n'étaient pas de l'École », il avait fini par enfermer dans sa malle « ses Cezanne », qui, après sa mort, ne furent guère disputés à l'Hôtel Drouot, où ils furent vendus le 2 juin 1894.

IV

L'EXPOSITION DE LA RUE LAFFITTE

(1895)

En 1895, l'Etat eut à se prononcer sur l'acceptation, pour le musée du Luxembourg, du legs Caillebotte. Entre autres tableaux, il y avait quelques Cézanne, notamment les *Baigneurs*, donnés jadis à Cabaner et que Caillebotte, à la mort de celui-ci, avait acquis pour la somme de 300 francs, prix énorme pour le temps. Mais Caillebotte ne regardait jamais au prix quand un tableau lui plaisait. Cézanne, en apprenant que ses « *Baigneurs* » iraient au Luxembourg, l'antichambre du Louvre, avait eu ce cri du cœur: « Maintenant j'em..... Bouguereau ». Le mot fut répété et eut beaucoup de succès, sauf en haut lieu où on le jugea d'une suprême inconvenance. On décréta aussitôt que les ***Baigneurs*** n'entreraient pas au Luxembourg. Du même coup, on arrivait au résultat souhaité : ne plus entendre parler de ce legs qui, d'après la volonté du testateur, devait être accepté en totalité.

On comptait sans le désintéressement des héritiers de Caillebotte : ils acceptèrent la condition imposée. Mais la direction des Beaux-Arts veillait : alléguant le manque de place, et l'intérêt bien compris des auteurs de ces toiles, elle repoussa 8 Monet, 3 Sisley, 11 Pissarro, 1 Manet et 2 autres Cézanne : un ***Bouquet de Fleurs*** et une *Scène champêtre* au total 25 toiles, non compris les ***Baigneurs***. La collection Caillebotte se trouvait ainsi réduite de près de moitié. Ce n'était plus l'entrée triomphale des ***Impressionnistes*** au Luxembourg ; mais les amis de la « bonne peinture » étaient demeurés intransigeants ; des professeurs de l'Ecole des Beaux-Arts ne parlèrent-ils pas de démissionner ?

En dépit de cette manifestation, je pensais qu'une exposition de Cézanne s'imposait. Pissarro, qui possédait quelques-unes des plus belles toiles de Cézanne, s'offrit à me les prêter sous réserve du consentement de l'artiste.

Ce n'était que trop juste. Le difficile était de joindre Cézanne. J'aurais pu écrire à Aix, où demeurait la mère du peintre ; mais on m'avait averti que Cézanne ne répondait jamais aux lettres. J'arrivai enfin à apprendre qu'il habitait près de Fontainebleau. Je ne manquai pas, chaque dimanche, d'explorer, dans tous les sens, la région. Enfin, à Avon, on me dit : « M. Cézanne a bien habité ici, mais voici à peu près trois mois qu'il en est parti ». Où ? on l'ignorait. A ma question : « Cézanne fréquentait-il des gens du pays ? » il me fut simplement répondu que le peintre avait reçu une fois un petit paquet d'une papeterie de Fontainebleau. Je courus les mar-

18. — Les Joueurs de cartes.

(1892)

chands de papier de cette ville et finis par découvrir celui que je cherchais. Je sus de lui que Cézanne avait effectivement à Fontainebleau un atelier. Je croyais toucher au but ; mais le propriétaire de la maison m'apprit que son locataire était rentré à Paris et qu'il ne se rappelait plus son adresse. La seule chose dont il eût gardé le

souvenir, c'est que la rue portait un nom de saint joint à un nom d'animal. Je lus, sans résultat, la liste des rues de Paris. Enfin, le hasard me fit découvrir une rue qui évoquait à la fois l'idée d'un saint et d'une bête. Un de mes amis demeurait rue des Jardins : je constatai que cette rue était connue sous le nom de rue des Jardins-Saint-Paul en raison de la proximité de l'église. Non loin de là aboutissait la rue des Lions. Je commençais à espérer. Le nom de bête y était et, selon toute vraisemblance, s'y ajoutait, dans l'appellation populaire, le nom de saint emprunté au voisinage de l'église. J'allai de porte en porte ; au numéro 2 on me répondit : « M. Cézanne ? c'est ici, » mais je ne devais pas encore rencontrer le peintre ; il était retourné à Aix. Son fils me promit de lui écrire le jour même.

Quelque temps après, il vint m'apporter le consentement de Cézanne à une exposition de ses œuvres. Renoir se trouvait, à ce moment, dans mon magasin ; il avait toujours déploré l'isolement dans lequel certains des meilleurs amis de Cézanne, ou, du moins, qui se disaient tels, tenaient ce peintre. Il ne manqua pas de dire à M. Cézanne fils combien cette exposition lui paraissait opportune. Je dois ajouter que Pissarro, au dernier moment, ne put se résoudre à se séparer de ses tableaux ; par contre, j'obtins près de 150 toiles de chez Cézanne. Elles me furent remises roulées. C'est ainsi que le peintre les conservait, jugeant que, dans les déménagements, les chassis tenaient trop de place. Restait à présenter au public l'œuvre de Cézanne. Les cadres furent vite trouvés. Je fus assez heureux pour découvrir de la petite baguette blanche à deux sous le mètre, qu'un apprenti menuisier m'accommoda à très bon compte. Je pus enfin annoncer, par la voie de quelques journaux amis, qu'une exposition d'œuvres de Cézanne s'ouvrirait au 39 de la rue Laffitte (décembre 1895).

On y put voir notamment : *La Léda au Cygne, 1868 ; Le Festin, 1868 ; Portrait de l'artiste par lui-même, 1880* (pl. 19) ; *La Maison abandonnée, 1887* (pl. 20) ; *Etude de Baigneuses, 1887* (pl. 21) ; *La Forêt de Chantilly, 1888* (pl. 22) ; *Le Grand Pin, 1887* (pl. 23) ; *Portrait de Madame Cézanne dans la serre, 1891* (pl. 24) ; *Les Bords de la Marne, 1888* (pl. 25) ; *Portrait de l'artiste par lui-même, 1890* (pl. 26) ; *Jeune Fille à la Poupée, 1897* (pl. 27) ; *Sous Bois, 1894*

19. — Portrait de l'artiste par lui-même.

(1880)

(pl. 28); *Madame Cézanne au chapeau vert, 1888* (pl. 29); *Baigneuse devant la tente, 1878* (pl. 30); *Portrait de M. G., 1880* (pl. 31); *Le Déjeûner sur l'herbe, 1878* (pl. 32); *La Corbeille de Pommes, 1885* (pl. 33); *L'Estaque, 1883* (pl. 34); *Le Jas de Bouffan, 1885* (pl. 35); *Auvers, 1880* (pl. 36); *Gardanne, 1886* (pl. 37); *La Lutte, 1885* (pl. 38); *Portrait de Madame Cézanne, 1877* (pl. 39).

L'exhibition de ces chefs-d'œuvre, ou de ces monstruosités, comme on voudra, produisit la plus vive émotion parmi tous les amateurs éclairés et éclectiques qui, en quête d'une *Fabiola* d'Henner, d'un *Lansquenet* de Roybet, d'une *Venise* de Ziem, d'un *Cavalier* de Detaille, ou d'une *Gerbe de Fleurs* de Madeleine Lemaire, vaguaient chaque jour le long des vitrines de la rue Laffitte. J'avais mis en montre les fameux *Baigneurs* de la collection Caillebotte, la *Léda au cygne*, et un autre tableau de nus. Cela était jugé un outrage à l'art, outrage qui, pour certains, s'aggravait d'un outrage à la pudeur. Ma bonne, elle-même, m'avait dit, en voyant tous ces gens qui se moquaient : « Je crains bien que Monsieur ne se fasse beaucoup de tort auprès de Messieurs les amateurs, avec ce tableau des messieurs tout nus, dans la vitrine ! »

Par contre, un vieil habitué de la rue Laffitte faisait des pronostics moins sombres : « On n'achète pas encore les Impressionnistes parce que c'est laid ; mais vous verrez qu'on en arrivera à acheter des tableaux quoique laids, jusqu'au jour où on les recherchera pour leur laideur, avec l'arrière-pensée que cette laideur même constitue une garantie de gros prix futurs ».

Le *Journal des Artistes* donnait le ton général de la critique en 1895, quand il se demandait avec anxiété si ses charmantes lectrices n'auront pas trop de haut-le-cœur devant « la cauchemar-

dante vision de ces atrocités à l'huile, dépassant aujourd'hui la mesure des fumisteries légalement autorisées[1] ». Heureusement elles, — les charmantes lectrices, — appartiennent à un sexe capable de tout (c'est toujours le *Journal des Artistes* qui parle) : mais même les courageuses d'entre les courageuses pourraient-elles, sans malaise, passer devant le 39 de la rue Laffitte ?

Peinture atroce et, par surcroît, facile ; c'était aussi l'opinion d'un petit télégraphiste et d'un apprenti pâtissier qui entraient ensemble dans mon magasin ; et comme je tendais machinalement la main au premier et, qu'en dépit de l'arôme que dégageait sa corbeille, je disais à l'autre qu'il faisait erreur, ils me répondirent, en même temps, qu'ils venaient voir l'exposition, « puisque c'était écrit : *Entrée Libre*, sur la porte ». Il n'y avait rien à dire à cela. Après un examen sommaire, le télégraphiste dit à son camarade : « Eh ! bien, tu sais, les peintres n'ont plus besoin de se la fouler, puisque c'est ça qui se vend ! — Oui, répondit le jeune patissier, mais, à ce compte là, on doit arriver très vite à se gâter la main ! » Une autre fois, j'entends des cris à la

1. *Journal des Artistes*, 1er décembre 1895, p. 1258. — *Un comble.*

porte. Une jeune femme se débattait, qui était maintenue par une poigne solide devant un tableau de *Baigneurs*. Je saisis ce bout de dialogue : « Me déranger pour voir ça, moi qui ai eu autrefois un prix de dessin ! » Et la voix de l'homme : « Ça t'apprendra dorénavant à être plus gentille avec moi ! » Le mari, apparemment, contraignait sa femme à regarder des Cézanne, par manière de punition.

Encore, la grande majorité des badauds se contentaient-ils de crier au scandale, sans se croire volés au sens propre du mot, tandis que les artistes, eux, s'estimaient lésés dans leurs intérêts, et, aussi, atteints dans leur dignité. S'imaginant que tout cela se vendait au poids de l'or, ils se disaient, avec un courroux qu'ils jugeaient des plus légitimes : « Et moi, pourquoi est-ce que l'on ne m'achète pas ? » Ainsi le célèbre peintre Y..., que lui-même et certains de ses collègues ont surnommé « le Corot de la Fleur », se précipita un jour chez moi en me demandant, d'un air qui visait à être agressif, « ce que signifiait cette machine-là, » dans la vitrine. Je lui répondis, naturellement, que, n'étant ni peintre, ni critique d'art, ni même collectionneur, je ne pouvais donner là-dessus aucun avis autorisé, mais que le catalogue portait la désignation : *Fleurs*. « Des fleurs, s'exclama le vieux maître : mais votre peintre a-t-il seulement jamais regardé une fleur? Moi qui vous parle, monsieur, que d'années ai-je vécu dans l'intimité de la fleur! Vous savez comment mes pairs m'ont surnommé? : le Corot de la Fleur, monsieur! » Et, levant les yeux au plafond : « Corolles, étamines, calices, tiges, pistils, stigmates, pollens, que de fois vous ai-je dessinés et peints? Plus de trois mille études de détail, monsieur, avant d'avoir osé attaquer la plus petite fleur des champs! Et je ne vends pas! » Puis, avec un sourire qu'il voulait rendre narquois : « Ce sont des fleurs en papier qui ont servi de modèle à votre peintre, n'est-ce pas? » Je dus avouer que Cézanne, après avoir effectivement essayé des fleurs en papier, parce qu'elles se fanent moins vite que les fleurs natuelles, avait, finalement, copié ce bouquet d'après une gravure, pour plus de sécurité dans la pose.

Un autre peintre s'était arrêté devant ma vitrine avec sa femme. « Regarde ce qui se vend aujourd'hui! clamait l'épouse irritée. Il faut que tu n'aies pas de cœur pour persister dans ton grand art pendant que ta femme et tes enfants crèvent de faim! » — « Et mon honneur, femme! Et tu voudrais qu'à mon âge, je me fisse honte à moi-même, que j'apprisse à rougir devant mes enfants? Non, non, je ne vous laisserai pas un nom diminué! »

Par bonheur, ce dialogue ne fut pas entendu d'un client sérieux, le premier depuis l'ouverture de l'exposition, qui arrivait d'un pas incertain, guidé par un domestique, pendant que le vaincu de la vie s'éloignait. C'était un collectionneur aveugle, et de naissance, comme je le sus de lui-même : mais, fils et petit-fils d'artistes, il avait le goût inné des choses d'art. Pour suppléer à son manque

20. — La Maison abandonnée.

(1887)

d'yeux, il avait engagé un domestique qui avait fait autrefois un peu de peinture, ce qui lui permettait de donner à son maître des explications où il entrait des termes de métier, à la grande joie de l'aveugle. Celui-ci me confia qu'il était, par tradition familiale, et

aussi par goût personnel, de la vieille école, l'école où l'on dessine (et, ce disant, il faisait, avec son pouce, le geste de dessiner) et que, s'il se laissait aller à acheter un Cézanne, quoique ce peintre et lui n'eussent pas la même compréhension de l'art, c'était par façon d'hommage à Zola qui honorait Cézanne de son amitié. « Car moi aussi, monsieur, s'écria-t-il, je suis pour la vision sincère! » Il me demanda de lui faire « voir » les tableaux un peu anciens, d'une époque où Cézanne, « ne pensant pas à la vente, devait accorder plus de soin à ses œuvres ». Une fois les tableaux en main, l'aveugle promenait ses doigts sur la surface de la toile, se faisant guider par son assistant, qui lui précisait, dans tous leurs détails, les parties qu'il touchait. Après avoir rejeté un certain nombre de tableaux, et notamment l'un d'eux pour cette raison qu'il n'y avait pas « assez de ciel », il finit par se décider pour une toile peinte au couteau. « Bien que passionné du dessin, je ne déteste pas, me dit-il, une certaine hardiesse d'exécution. » Il me confia aussi que, voulant un effet d'eau, il était heureux d'avoir trouvé une toile en largeur. « L'eau semble ainsi mieux s'étaler. »

Pendant que l'aveugle faisait son choix, un monsieur et une dame attendaient devant la vitrine. Quand ils virent qu'il s'en allait avec un tableau sous le bras, ils se précipitèrent dans le magasin. J'entendis ces mots, chuchotés par la dame : « Oh ! que je suis heureuse, ça se vend ! »

« C'est tout-à-fait comme ça que peint notre fils ! me dit-elle, sans préambule. Même que son professeur, M. Cormon, l'a menacé de le renvoyer, s'il continuait à peindre sans dessiner. N'est-ce pas, monsieur, qu'il est dans le bon chemin pour vendre cher, puisque Cézanne se vend ? » Je fus obligé de répondre que Cézanne, à 55 ans passés, ne gagnait pas, avec sa peinture, de quoi seulement payer ses pinceaux et ses couleurs, et cela après 35 ans d'un labeur acharné. La bonne mère était atterrée. Le mari eut le triomphe modeste. Il se borna à dire avec douceur : « Tu vois bien, chère amie, que sans le dessin... »

Les visiteurs les plus extraordinaires ne cessaient de défiler chez moi. Il y en eut un qui, après avoir acheté pour 400 francs l'une des plus belles toiles de l'exposition, me posa cette question : « Pourquoi, ce qu'on appelle les bons tableaux, est-ce toujours

21. — Etude de Baigneuses.

(1887)

si horrible à voir ? » Mais, comme je cherchais à détourner le cours de cette conversation, que je jugeais dangereuse, mon client me rassura, me confiant qu'il n'achetait pas un Cézanne par goût, oh! Dieu non! mais pour faire le gros coup plus tard, ayant, à ce sujet, un tuyau de premier ordre. Je ne pus m'empêcher de le féliciter de sa chance, et l'engageai vivement à faire une grande opération :

mais il ne voulait pas « mettre tous ses œufs dans le même panier ». La conversation tomba avec l'entrée de deux passants. Après avoir regardé les toiles, ils se regardèrent : « Le dessin ne compte donc plus ? » fit l'un d'un air menaçant. L'autre, plus calme : « Patience, le temps ne respecte pas ce qu'on fait sans lui. » C'étaient Gérôme et Gabriel Ferrier.

Je me souviens encore de la visite que je fis à un peintre, M. X.... à qui Cézanne avait donné quelques-unes de ses toiles.

A ma demande de me les montrer :

— Vous êtes amateur ou acheteur ? questionna-t-il ?

— Acheteur au besoin, répondis-je.

— Alors, je vais vous faire voir mes propres tableaux. Comment trouvez-vous cette paire de natures mortes ?

— Ce sont de belles choses ! Mais les Cézanne ?

— Cézanne, c'est un ami. Moi, voyez-vous, je ne supporte pas qu'on se moque devant moi de mes amis. Alors, comme tous les connaisseurs et les peintres me disaient, en voyant ses œuvres : « Quel est donc le cochon qui a peint ça ? » j'ai dû les anéantir. De cette manière, je suis sûr que personne ne s'en moquera jamais plus, même après ma mort.

— Vous avez osé détruire ces tableaux ?

— Oh non, c'eût été dommage de perdre de la si bonne toile : j'ai peint dessus !

Comme je me sauvais, n'en voulant pas entendre davantage, la femme de cet ami trop zélé me dit, engageante : « Vous ne trouverez jamais des fruits ni des poissons aussi beaux que ceux que peint mon mari. Nous louons les modèles dans les plus grandes maisons. » Hâtons-nous de dire que d'autres amis de Cézanne respectaient les toiles qui leur étaient données. Tel M. X... qui, professant en politique des idées très avancées, éprouvait plus que de l'estime pour le talent de Cézanne, dont les tendances « anarchistes » lui allaient droit au cœur. A mon offre d'acheter ses Cézanne, il exulta : la dispersion, dans le monde, de ces toiles « outrancières » flattait son vieil idéal révolutionnaire.

Ce ne fut pas là l'incident le plus curieux de mon exposition ; elle devait amener encore ma brouille avec le peintre Z... Comme il parlait avec éloge des dons de couleur de Cézanne, je pensai lui être agréable en lui offrant une petite étude de *Baigneuses*, en

22. — La Forêt de Chantilly.

(1888)

échange d'une de ses productions. Il me regarda avec stupéfaction : « Vous ignorez donc que j'ai été proposé au Salon pour la troisième médaille ! » Je ne le revis jamais plus.

Au prix où sont restés les tableaux du peintre à la médaille, je doute qu'en vendant tout son atelier il puisse s'offrir aujourd'hui l'équivalent de ce petit tableau si dédaigné.

Un refus plus typique faillit être fait à Cézanne. Pissarro avait prié un de ses amis, qui passait par Aix, d'aller porter le bonjour à Cézanne. M. X... va au Jas de Bouffan, où il reçoit le plus aimable accueil. Pour se montrer poli à son tour, il fait au peintre quelques compliments banals : il va jusqu'à vanter deux bouquets de fleurs. Cézanne, ravi de trouver un admirateur de son art, le prie de les accepter. M. X... s'en serait bien passé, mais c'était un homme de bonne éducation ; malgré l'ennui de trimballer avec lui des tableaux en voyage, et quels tableaux !

il ne voulut pas blesser le camarade de Pissarro et prit les toiles.

Plusieurs de ceux qui s'intéressaient le plus à l'exposition m'avaient engagé à enlever les nus de la vitrine, me faisant remarquer que le public n'était pas encore à point, et qu'un tel spectacle était bien fait pour décourager les meilleures bonnes volontés. J'avais cédé enfin, un peu à contre-cœur, et mis les nus face au mur : mais un visiteur, en retournant les tableaux, découvrit la *Léda au Cygne* et l'acheta aussitôt. C'est ainsi que le premier tableau de nu, vendu pendant l'exposition, fut acquis par M. Auguste Pellerin.

Un acheteur non moins avisé fut le roi Milan de Serbie. Il m'avait pris, quelque temps auparavant, une grande composition par de Groux, représentant une tuerie des puissants de la Terre, dont un fort lot de rois, et qui était intitulée : *Mort aux vaches!* En fait de « vaches », le roi Milan connaissait, jusqu'à ce jour, le ruminant aujourd'hui, hélas! devenu aphteux; il savait encore la signification de l'expression : manger de la vache enragée; enfin il n'ignorait pas que le mot s'appliquait à des filles qui avaient cessé de plaire, et aussi à des sergents de ville : mais c'était la première fois qu'il le voyait employé pour désigner un roi. « C'est très curieux! me dit-il. J'achète ce tableau! »

Quelque temps après, il rapporta l'objet. « J'aime toujours mon tableau de vaches mortes, me dit-il, mais, quoique, dans l'avenir, il soit bien improbable qu'on se livre à un carnage de rois, il n'est peut-être pas très convenable, par égard pour mes anciens confrères, que je garde ce tableau chez moi. » M. de Camondo qui, à cette époque, flirtait déjà avec l'impressionnisme, si j'ose m'exprimer ainsi, et qui était présent, lui conseilla de prendre, à la place du de Groux, quelques aquarelles de Cézanne. Le roi Milan, se laissant.

sur le moment, éblouir par la réputation de fin connaisseur dont jouissait M. de Camondo, consentit à prendre les Cézanne ; mais, au moment de sortir de mon magasin, Sa Majesté, qui s'était ressaisie, me dit : « Pourquoi ne conseillez-vous pas à votre

Cézanne d'exécuter de jolies petites femmes dans le genre de Grévin ? Je vous serai un client fidèle. »

A la vente du roi Milan, qui eut lieu à l'Hôtel Drouot, après le massacre de son fils Alexandre et de sa belle-fille Draga, l'expert, chargé de présenter les objets au public, annonça simplement, à chaque aquarelle de Cézanne : « Nous vendons un sous-verre ! »

Le dernier jour de l'exposition, un visiteur se présenta, dans lequel je crus avoir affaire à un acheteur, à en juger par l'air de connaisseur avec lequel il examinait chaque tableau. Il finit par

23. — Le Grand Pin.

(1887)

laisser tomber ces mots : « Ce malheureux ignore donc que le grand Lucrèce a dit :

« Ex nihilo nihil, in nihilum nil posse reverti ! »

Je tenais évidemment un de ces professeurs de qui Cézanne aimait à dire « qu'ils n'ont rien dans le venntrrre ». Lui ayant demandé, à tout hasard, s'il connaissait Cézanne, il me répondit :

— *Homo sum et nil humani a me alienum puto :*

« Mais nous ne fréquentons, à Aix, qu'entre professeurs ! »

Je devais avoir l'occasion, peu de temps après, de voir un certain nombre d'autres compatriotes de Cézanne ; car le moment approchait où, après avoir révélé aux Parisiens la peinture de Cézanne, j'allais m'offrir la révélation de la personne du maître.

V

MA VISITE A CÉZANNE

(1896)

Quand je fus en présence de Cézanne, j'eus peine à retenir un cri de surprise. Je reconnaissais un passant qui, deux ans auparavant, était entré à une exposition que je faisais d'œuvres de Forain. Il avait tout regardé avec la plus grande attention, et, s'en allant, la main sur le bec de canne de la porte, il m'avait dit : « Vers 1875, étant un jour au Louvre, j'ai vu un jeune homme qui copiait un Chardin ; je me suis approché, et, après avoir regardé son ouvrage, j'ai pensé : il arrivera, car il s'applique à dessiner dans la forme ! C'était votre Forain ! »

Cézanne était venu à moi les mains tendues. « Mon fils m'a

parlé souvent de vous. Excusez un peu, M. Vollard, je vais me reposer jusqu'au dîner. Je reviens du « motif ». Paul va vous faire voir l'atelier. »

Le premier objet qui frappa mes yeux, dès le seuil de la porte, fut une grande figure de *Paysan* percée de coups de couteau à palette. Cézanne se mettait en colère pour les motifs les plus futiles, et même sans raison, et passait sa colère sur ses toiles. Lorsque, par exemple, voyant à son fils la mine un peu fatiguée, il s'imaginait que le jeune garçon « découchait », malheur à la toile qui se trouvait sous sa main ! J'ajouterai qu'on peut reprocher aussi à « Paul » enfant la destruction de quelques « Cézanne ». Il s'amusait à y faire des trous à la grande joie de son père : « — Le fils a ouvert les fenêtres et les cheminées ; il voit bien, le petit bougre, que c'est une maison. »

On avait un tel respect pour la décision du peintre, que lorsqu'il abandonnait dans le jardin ou jetait dans l'atelier, sur le poussier, une toile lacérée, on veillait à ce qu'elle fût mise au feu. Aussi peut-on citer comme un cas unique le sauvetage de cette *nature morte* que Cézanne avait jetée par la fenêtre et qui resta longtemps accrochée à la branche d'un cerisier. Comme on avait vu Cézanne rôder autour de l'abre, armé d'une gaule, on pensa qu'il avait le dessein de « reprendre » son tableau et on se garda d'y toucher.

J'assistai au décrochage de la toile. Je me promenais dans le jardin avec Cézanne et son fils : le peintre qui marchait à quelques pas en avant, la tête un peu inclinée, se retourna tout-à-coup et, s'adressant à son enfant : « Fils, il faudrait décrocher les *pommes*. J'essaierai de pousser cette étude. »

Cézanne aimait passionnément les choses d'art ; mais il les

24. — Portrait de Mme Cézanne dans la serre.

(1891)

voulait dans les musées, leur place naturelle. Aussi ne voyait-on, dans son atelier, ni tableaux rares, ni meubles précieux, rien enfin de ce bric-à-brac dont les artistes sont si friands. Par terre, gisait un gros carton bourré d'aquarelles; sur une assiette, quelques pommes achevaient de pourrir, sans cesser de poser; près de la fenêtre pendait un rideau, qui, depuis toujours, servait de fond pour les tableaux de figures ou de natures mortes; enfin, aux murs, des gravures ou des photographies représentaient, tant bien que mal,

plutôt mal, les *Bergers d'Arcadie*, de Poussin; le *Vivant portant le Mort*, de Lucas Signorelli; des Delacroix; l'*Enterrement d'Ornans*, de Courbet; l'*Assomption*, de Rubens; un *Amour*, de Puget; des Forain; la *Psyché*, de Prud'hon; et même l'*Orgie romaine*, de Couture.

Au dîner, où j'avais été invité, Cézanne se montra très gai. Ce qui me frappa surtout, ce fut son extrême politesse et toutes ses manières pour demander à ses voisins les moindres services. Son mot favori était : « Excusez un peu ! » Malgré tant de bonhomie et de courtoisie, je n'en surveillais pas moins mes paroles, craignant de faire éclater la colère de Cézanne, toujours prête à se manifester. Encore, toutes mes précautions ne m'empêchèrent-elles pas de commettre la « forte gaffe ». On avait parlé de Gustave Moreau. Je dis : « Il paraît que c'est un professeur excellent. » Au moment où je pris la parole, Cézanne portait son verre à ses lèvres ; il s'arrêta sans le reposer, tandis que, de l'autre main, il faisait un cornet, pour mieux écouter, étant un peu dur d'oreille. Il reçut, en plein, ce mot de « professeur », qui lui fit l'effet d'une décharge électrique :

« Les professeurs, s'exclama-t-il, en reposant si violemment son verre qu'il le brisa, ce sont tous des salauds, des châtrés, des j. f... : ils n'ont rien dans le venntrrre ! »

J'étais atterré. Devant le dégât dont il était l'auteur, Cézanne resta, tout d'abord, interdit. Puis, ayant éclaté d'un rire nerveux, il reprit, revenant à Gustave Moreau : « Si cet esthète si distingué ne fait que des vieilleries, c'est que ses rêves d'art sont suggérés non par l'émotion de la nature, mais par ce qu'il a pu voir dans les musées, et, plus encore, par un esprit philosophique qui lui vient de la connaissance trop grande qu'il a des maîtres qu'il admire. Je voudrais avoir ce brave homme sous ma coupe, pour lui suggérer l'idée si saine, si réconfortante, et seule juste, d'un développement d'art au contact de la nature. Le grand point, comprenez M. Vollard, c'est de sortir de l'Ecole et de toutes les Ecoles. Pissarro ne se trompait donc pas. Il allait un peu loin, cependant, lorsqu'il disait qu'il fallait brûler les nécropoles de l'Art. » Un instant après, on cita le nom d'un jeune Aixois, qui venait d'être reçu bachelier ès-sciences à Paris. Alors, pour honorer la ville d'Aix, et tout heureux aussi d'avoir trouvé à dire quelque chose dont l'extrême banalité échappât à toute critique, j'émis cette idée qu'Aix devait être fière d'avoir donné le jour à un futur savant. M. Cézanne fils me fit un signe. Je ne cherchai pas à approfondir sur l'instant ; mais, en sortant de table, j'eus l'explication de ce geste. « Mon père, me dit le jeune homme, a horreur des savants : il trouve qu'un savant vaut un professeur. » On n'en vit point, heureusement, ce soir-là, de savants, ni de professeurs, de sorte que tout alla pour le mieux ; pendant le reste du repas, on continua, de plus belle, à parler peinture et littérature. Cézanne cria son enthousiasme pour Courbet, « mis à part qu'il est un peu lourd comme expression ». Je lui parlai de Verlaine ; au lieu de me répondre, se levant, il récita ces vers :

Rappelez-vous l'objet que nous vimes, mon âme,
Ce beau matin d'été si doux :
Au détour d'un sentier, une charogne infâme,
Sur un lit semé de cailloux,

Les jambes en l'air, comme une femme lubrique,
Brûlante et suant les poisons,
Ouvrait, d'une façon nonchalante et cynique,
Son ventre plein d'exhalaisons.

Quand il s'arrêta, je ramenai dans la conversation le nom de Verlaine... Cézanne m'interrompit : « Un qui est fort, c'est Baudelaire. Son *Art romantique* est épatant, et il ne se trompe pas sur les artistes qu'il apprécie. »

Cézanne ne pouvait souffrir ni Van Gogh, ni Gauguin. Emile Bernard raconte que, Van Gogh ayant fait voir de ses toiles à Cézanne en lui demandant ce qu'il en pensait, Cézanne répondit :

— Sincèrement, vous faites une peinture de fou ! [1].

1. *Mercure de France*, 16 décembre 1908, p. 607.

Et quant à Gauguin, il l'accusait d'avoir tenté de lui « chiper sa petite sensation ». Je ne manquai pas, à ce propos, de dire à Cézanne combien Gauguin avait pour lui d'admiration et de respect; mais, déjà, Cézanne ne pensait plus au peintre de Tahiti. « Comprenez un peu, M. Vollard, me disait-il, en cherchant à m'apitoyer sur son propre sort, j'ai une petite sensation, mais je n'arrive pas à m'exprimer; je suis comme qui possèderait une pièce d'or, sans pouvoir s'en servir.

Pour changer les idées du maître, je lui appris qu'un amateur venait d'acquérir, d'un coup, à mon magasin trois tableaux de lui. « C'est un compatriote? » s'enquit Cézanne. — « C'est un étranger, un Hollandais. » — « Ils ont de beaux musées! » s'exclama Cézanne. Désireux de montrer mes connaissances en art, je vantai la *Ronde de Nuit*. C'est un de ces chefs-d'œuvre reprit Cézanne que l'on ne peut pas regarder tranquillement. Il faut observer de marcher sur la pointe des pieds. La chaise sur laquelle vous êtes assis vient-elle à craquer vos voisins vous font des yeux terribles; si l'on veut se moucher, alors il faut f... le camp. Et puis le grandiose, je ne le dis pas en mauvaise part, finit par me fatiguer. Il y a aussi des montagnes, quand on est devant on crie: N. de D..., mais pour tous les jours un simple coteau me suffit très bien. Dites, M. Vollard, cela m'em... d'avoir dans ma chambre à coucher *Le Radeau de la Méduse*. Puis, quand verrai-je un tableau de moi dans un musée? Justement le musée de Berlin était sur le point d'acquérir un *Jas de Bouffan*. J'en fis part à Cézanne, et je déplorai les préventions de l'empereur d'Allemagne contre les peintres « impressionnistes ». « Il est dans le vrai, cria Cézanne: on se f... dedans avec les impressionnistes; ce qu'il faut, c'est refaire le Poussin sur nature. Tout est là. » Et, se penchant vers moi d'un

25. — Les Bords de la Marne.

(1888)

air de confidence, mais sur le ton élevé dont sont coutumiers ceux un peu durs d'oreille : « Guillaume est très fort ». L'accord était-il complet entre l'empereur d'Allemagne et Cézanne ? je fus tout de suite renseigné. Comme je prononçais le nom de ce Kaulbach, dont on rapporte que Guillaume aime à dire : « Nous avons nous aussi un Delaroche. » Cézanne fulmina : « Je n'admets pas la peinture de châtré ! »

On parla de Corot. Cézanne, d'une voix étranglée par le rire : « *Emile* se serait laissé aller à goûter pleinement Corot si, au lieu de nymphes, il avait peuplé ses bois de paysannes ». Et, se levant, le poing tendu vers un Zola imaginaire. « Bougre de crétin. » Puis, sa fureur subitement tombée, mais avec un reste d'émotion dans la voix : « Excusez un peu, j'aime tant Zola ! » Quant à Puvis de Chavannes, je n'avais pas besoin de lui demander ce qu'il en pensait. Le peintre R... m'avait raconté qu'un jour, dans l'atelier d'un de leurs amis, on parlait de Puvis, et chacun de faire l'éloge du *Pauvre Pêcheur*. Cézanne, que l'on croyait endormi sur le canapé, se soulevant à moitié, dit : « Oui, c'est bien imité ». Je dois ajouter qu'à une exposition de Cézanne, Puvis de Chavannes, après avoir regardé attentivement les toiles, s'en était allé en haussant les épaules.

Cézanne n'aimait pas davantage Whistler, ni Fantin-Latour, qui le lui rendaient bien. Ayant eu l'occasion de voir chez moi le portrait de la *Sœur de Cézanne*, qui ressemble si étrangement à un Greco, Whistler dit sérieusement : « Si un enfant de dix ans avait dessiné cela sur son ardoise, sa mère, si elle est une bonne mère, l'aurait fouetté ! »

Même note chez Fantin-Latour. Je m'étais rencontré, chez ce peintre, avec M. X..., un des plus affables conservateurs du Louvre, à qui je demandais l'autorisation d'apporter au musée un ou deux Cézanne, à fin de confrontation avec les tableaux de Chardin et de Rembrandt. Fantin-Latour était la bienveillance même, et n'exprimait jamais que des vérités atténuées, surtout sur les peintres ; mais, à la vision d'une toile de Cézanne, promenée à travers les salles du Louvre, il éclata : « Ne jouez pas chez moi avec le Louvre ! »

Cézanne aimait passionnément sa ville natale, dont chaque maison, chaque rue, lui rappelait son enfance. En revanche, il tenait les Aixois pour des barbares. Ceux-ci le jugeaient avec une égale sévérité ; leur mépris, toutefois, pour leur compatriote, ne fut plus aussi vif du jour où la peinture de Cézanne trouva acheteur.

Je m'imaginais n'avoir qu'à me baisser, à Aix, pour ramasser ses Cézanne : on racontait que le peintre avait, longtemps, offert des toiles à tout venant, ou même les abandonnait sur « le motif », comme l'aquarelle de *Baigneuses* que Renoir découvrit, en se promenant dans les rochers de l'Estaque. Mon attente fut trompée : les

26. — Portrait de l'artiste par lui-même.

(1890)

Aixois n'étaient pas gens à se laisser séduire par de pareilles « croûtes ». On comprend ma joie, en voyant arriver à mon hôtel un individu avec un tableau sous le bras. « J'en ai un, me dit-il sans préambule, et puisque les Parisiens en veulent, et qu'on fait des

coups là-dessus, je veux en être! » Et, découvrant la toile, il me montra un Cézanne. « Pas moins de cent cinquante francs! » cria-t-il en s'appliquant une forte claque sur la cuisse, pour mieux affirmer ses prétentions, et aussi pour se donner du courage. Quand je lui eus compté l'argent : « Cézanne se croit malin, me dit-il, mais il s'est foutu dedans quand il m'a fait cadeau de ça! » Après avoir donné un libre cours à sa joie, il continua : « Venez! » Je le suivis dans une maison où sur le palier qui, à Aix, tient lieu généralement de dépotoir, quelques magnifiques Cézanne voisinaient avec les objets les plus disparates : cage d'oiseau, pot de chambre fêlé, vieux souliers, seringue hors d'usage (on sait que les gens du Midi se font scrupule de jeter ou détruire quoi que ce soit leur ayant appartenu). Mon guide frappa à la porte qui s'entrebâilla, retenue par une chaîne de fer. Un couple était accouru. Des questions furent posées, nombreuses. La confiance ne régnait décidément pas : car, le seuil franchi, je surprenais encore cette question à mon cicerone : « Connais-tu bien cet étranger qui t'accompagne ? » Un colloque suivit, interminable ; finalement, on me demanda mille francs pour les Cézanne du palier. Je m'empressai de donner un billet de banque. Nouveau conciliabule entre les trois aixois ; l'affaire ne sera conclue, finit-on par me dire, qu'après vérification du billet au Crédit Lyonnais. Ce fut l'homme qui se chargea de l'opération ; sa femme lui recommanda de rapporter de l'or, si le billet était déclaré bon, « que c'était plus sûr, rapport aux incendies ». Quand le bonhomme revint, porteur du précieux métal, la joie fut si grande qu'on me donna, par dessus le marché, une corde pour attacher les Cézanne. « C'est de la bonne corde, me fit remarquer la femme, nous ne la donnerions pas à tout le monde ». Je n'étais pas au bout de mes surprises. A peine avais-je quitté la maison que je m'entendis héler, de la fenêtre : « Eh ! l'artiste, vous en avez oublié un ! » Et un paysage de Cézanne s'abattait à mes pieds !

On m'avait parlé d'un autre Aixois qui possédait quelques études de Cézanne. A mes premiers mots : — « Cézanne, je le connais bien, je l'ai vu naître. Mais, en fait d'étude, je n'en ai eu jamais qu'une seule, que j'ai vendue pour me faire un viager, après avoir pratiqué pendant quarante ans ». Nous aurions pu converser long-

27. — Jeune Fille à la Poupée.

(1897)

temps sans nous entendre, car l'étude dont il parlait était une étude d'huissier. J'essayai d'un autre moyen pour me faire comprendre : « Cézanne ne vous a jamais rien donné? »... « Ah ! le pôvre, il m'a donné des images qu'il faisait lui-même. Moi, je fais de la poésie. »

Et le vieillard, sortant un papier de sa poche, se mit à me lire plusieurs centaines de vers, sous ce titre alléchant, mais trompeur : *Ceci est un sonnet.* Comme il reprenait péniblement haleine : « Et vos « images » de Cézanne, questionnai-je, sans perdre de temps, n'avez-vous jamais songé à les vendre ? »... Il ne vendait jamais les choses qu'on lui donnait, même quand ça n'était pas beau !

Je n'allais pas être plus heureux dans ma démarche auprès de Mme de R..., qui n'était pas non plus de ces collectionneurs dont l'amour-propre souffre à ne recevoir aucune offre d'achat. Quelqu'un de la maison lui fit remarquer que les rats, fort nombreux au grenier, où avaient été reléguées les toiles de Cézanne, finiraient par les détruire : « — Qu'importe si mes rats mangent mes Cézanne, mais je n'appartiens pas à la race des marchands ! »

Ce fut ma dernière tentative. Je devais, à mon tour, être sollicité par les gens du pays qui faisaient de la peinture, ou qui aspiraient à en faire, « puisque ça se vendait à Paris ». Je décourageais, de mon mieux, ceux qui m'apportaient des échantillons de leurs travaux, en leur expliquant que c'était « trop bien fait » pour pouvoir se vendre à Paris, où la préférence ne va pas à la « bonne peinture ». Mes visiteurs ne se tinrent pas pour battus ; ils m'objectèrent que ça leur serait bien facile de peindre « tout de travers », mais qu'il faudrait alors « travailler sur commande, parce que, si la mode, elle change à Paris, que feront-ils de leurs tableaux à Aix, où l'on aime l'ouvrage bien faite ? »

Un autre Aixois crut avoir découvert la raison du succès de Cézanne près des « Parisiens ». « Je vois ce que c'est, me dit-il : on achète ça à Paris pour se moquer de ceux d'Aix ! » C'est, d'ailleurs, une idée assez répandue dans le Midi, et même aussi, je crois, dans le Nord, que Paris a les yeux fixés sur la province pour en rire.

Parmi tous ces taquineurs de palette, brillait, au premier rang, une pharmacienne, qui se vantait de recevoir des conseils et des encouragements de Cézanne et qui, dans ses moments de loisir, peignait avec amour des petits moutons mangeant de la paille dans des étables « art nouveau ». Je parlai à Cézanne de son élève. Il me dit : « Ecoutez un peu, monsieur Vollard ! Mme X... m'a demandé de lui donner des leçons. Je lui ai dit : « Prenez exemple sur moi ; on doit s'efforcer, avant tout, de développer sa personnalité ». C'est une bonne travailleuse, et, si elle continue, elle fera, dans quelque vingt ans, un excellent sous-ordre à la Rosa Bonheur. Si j'étais aussi habile que Mme X... il y a longtemps que j'aurais été reçu au Salon. »

C'est ainsi que Cézanne réussissait à faire admettre, par tant de gens intéressés à le croire sur parole, qu'il n'était qu'un raté. Mais, quand il encourageait Mme X... à peindre, ce n'était pas pour s'en moquer, car il avait beaucoup d'estime pour quiconque travaillait sincèrement à développer sa personnalité. Cette sincérité, il ne la découvrait pas chez Signol, ni chez Dubufe, dont il voyait, au musée d'Aix, un *Prisonnier de Chillon* « affreusement bien fait ». Il trou-

vait à l'art de Bouguereau plus d'honnêteté. Quelquefois, dans ses accès de fureur contre lui-même, à propos de sa difficulté à « réaliser », il allait jusqu'à s'écrier : « Je voudrais être Bouguereau ! » Et il s'expliquait aussitôt : « Celui-là a développé sa personnalité. »

Cézanne avait voulu me faire voir une étude de lui, « assez bien réussie », qui se trouvait chez sa sœur Mlle Marie ; mais nous ne trouvâmes personne à la maison, car c'était l'heure des vêpres. Faute de pouvoir admirer le tableau, je demandai à Cézanne de faire le tour du jardin : et jamais promenade ne me fut plus profitable. Partout des écriteaux avec des prières donnant droit à des indulgences, les unes de quelques jours, d'autres de plusieurs mois, voire d'années entières.

Après la visite à « Mademoiselle Marie », j'allai avec Cézanne le long de l'Arc. Nous fuyions la chaleur ; pas le moindre brin d'air. « Cette température, me disait Cézanne, ne doit être profitable qu'à la dilatation des métaux et à l'augmentation des débits de boissons, industrie qui semble prendre des proportions respectables dans Aix... Je suis très énervé des prétentions des intellectuels de mon pays : tas d'enc..., de crétins et de drôles ».

Moi. — Mais, il y a certainement des exceptions ?

Cézanne. — Les exceptions, il peut s'en trouver, ne se font pas connaître. La modestie s'ignore toujours soi-même... J'aime Jo[1].

Cézanne examina un certain endroit de la rivière, la main faisant visière à ses yeux : « Comme ce serait beau de peindre là un nu ! Ici, au bord de la rivière, les motifs se multiplient ; le même site, vu sous un angle différent, offre un sujet d'étude du plus puissant intérêt, et, si varié, que je crois que je pourrais m'occuper,

1. Le poète Joachim Gasquet.

28. — Sous-Bois.

(1894)

28

pendant des mois, sans changer de place, en m'inclinant, tantôt plus à droite, tantôt plus à gauche.

« Ecoutez un peu, M. Vollard, la peinture est décidément ce qui me vaut le mieux. Je crois que je deviens plus lucide devant la nature.

Malheureusement, chez moi, la réalisation de mes sensations est toujours très pénible. Je ne puis arriver à l'intensité qui se développe à mes sens ; je n'ai pas cette magnifique richesse de coloration qui anime la nature. Cependant, vu mes sensations colorantes, je regrette mon âge avancé. Il est attristant de ne pouvoir faire beaucoup de spécimens de mes idées et sensations. Regardez ce nuage : je voudrais pouvoir rendre cela. Monet le peut lui. Il a des muscles. »

Claude Monet était celui des peintres contemporains que Cézanne mettait le plus haut. Il lui arrivait bien quelquefois, dans sa haine contre l'Impressionnisme, de lancer cette boutade, à l'adresse du peintre des *Heures :* « Monet ce n'est qu'un œil ». Mais il ne pouvait s'empêcher d'ajouter : « Mais, bon Dieu, quel œil ! »

Nous étions rentrés en ville ; Cézanne me conduisit devant l'Eglise Saint-Sauveur, dont il tenait à me faire admirer les portes en noyer massif, ornées de sculptures d'un travail très fini, qui furent exécutées vers l'an 1500. Il me fit voir aussi, dans l'intérieur de l'édifice, un tableau : *Le Buisson ardent*, que les vieilles gens d'Aix attribuent au Roi René. « En tout cas, me dit-il, c'est rudement bien imité. »

A ce propos, je dis à Cézanne que j'avais lu, dans les *Mémoires d'un Touriste* de Stendhal, que c'était le bon Roi René qui avait institué à Aix la procession de la *Fête Dieu*. « Je l'ai suivie souvent, me répondit-il, cette belle procession, avec mon ami Zola, quand nous étions jeunes. »

En sortant de Saint-Sauveur, Cézanne rentra chez lui, car c'était l'heure de sa sieste. Il me conseilla d'aller entendre la musique sur le « Coursse », un des plus jolis endroits d'Aix, avec ses platanes dorés et ses trois fontaines, dont celle du milieu donne de l'eau chaude. Je constatai, non sans surprise, qu'un des ornements de la place, la statue du roi René, que je supposais entourée de la vénération de tout Aix, était barbouillée de noir. Je mis ce méfait au compte des républicains de la ville ; mais je ne tardai pas à apprendre que c'était un enragé régionaliste qui avait versé un encrier sur le chef de l'ancien souverain de la Provence, pour le punir d'avoir laissé, en mourant, ses Etats sans défense contre les

29. — Mme Cézanne au chapeau vert.

(1888)

convoitises du roi de France. Je sus, par la même occasion, qu'en manière de protestation contre l'incorporation de la Provence à la France, quelques Aixois, séparatistes fanatiques, se gardaient soigneusement de tout commerce avec les « étrangers » ; ils entendent, par cette désignation, toute personne née au-delà de Valence.

Stendhal trouve abominablement laide la route s'étendant d'Aix à Marseille. C'est parce qu'il n'a pas eu la chance de connaître la peinture de Cézanne, qui lui aurait fait mieux comprendre la beauté de cette région : mais moi, qui ai eu ce bonheur, je retrouvai, en quittant Aix, le même émerveillement qu'en y venant ; il me semblait que, durant tout le trajet d'Aix à Marseille, les rails du chemin de fer se déroulaient à travers des toiles de Cézanne.

VI

MON PORTRAIT

(1896 - 1899)

Mes relations avec Cézanne ne se bornèrent pas à la visite que je lui fis à Aix; je le revis à chacun de ses voyages à Paris, et il montrait à mon égard une telle bienveillance que j'osai un jour lui demander de faire mon portrait. Il voulut bien y consentir, et me donna rendez-vous, pour le lendemain, dans son atelier de la rue Hégésippe-Moreau. En arrivant, je vis, au milieu de l'atelier une chaise disposée sur une caisse qui, elle-même, se trouvait surélevée au moyen de quatre maigres supports. Je considérais cette estrade non sans inquiétude. Cézanne surprit mon coup d'œil, et devina mon appréhension. « C'est moi-même, me dit-il, qui ai préparé la chaise pour la pose ! Oh ! vous ne courez pas le moindre danger de tomber, M. Vollard, si seulement vous conservez votre équilibre. D'ailleurs, quand on pose, ce n'est pas pour bouger ! » Une fois assis, — et avec quelles précautions ! — je me gardais bien de faire un seul de ces mouvements que l'on nomme faux ; bien plus, je restais immobile : mais cette immobilité finit par amener un sommeil contre lequel je luttai victorieusement un bon moment ; à la fin, cependant, ma tête s'inclina sur mon épaule, en même temps que je perdais la notion du monde extérieur ; du coup, l'équilibre n'exista plus, et la chaise, la caisse, et moi-même, le tout fut par terre. Cézanne se précipita sur moi : « Malheureux ! vous dérangez la pose ! Je vous le dis, en vérité, il faut vous tenir comme une pomme. Est-ce que cela remue, une pomme ? » Dès ce jour, avant d'aller prendre la pose, j'avalais un grand verre de café noir ; de plus, Cézanne me surveillait, et, s'il croyait voir en moi quelque marque de fatigue, signe avant-coureur du sommeil, il avait une façon de me regarder telle que je reprenais immédiatement la pose comme un ange, — je veux dire comme une pomme « qui, elle, ne bouge pas ».

Les séances avaient lieu le matin à huit heures, et duraient jusqu'à onze heures et demie. Lorsque j'arrivais, Cézanne fermait *Le Pèlerin* ou *La Croix*, qui étaient sa lecture favorite. « Ces gens-là sont très forts, me disait-il : ils s'appuient sur Rome. » On était à l'époque de la guerre des Anglais et des Boers ; et comme Cézanne était pour le bon droit, il ajoutait généralement : « Est-ce que vous pensez que les Boers seront vainqueurs ? »

L'atelier de la rue Hégésippe-Moreau était encore plus simplement orné que celui d'Aix. Quelques reproductions de Forain, découpées dans les journaux illustrés, faisaient le fond de la collection parisienne du maître. Ce que Cézanne appelait ses Véronèse, ses Rubens, ses Lucas Signorelli, ses Delacroix, c'est-à-dire les images à un sou la pièce dont j'ai déjà parlé, était resté à Aix. Je dis, un jour, à Cézanne qu'il pourrait avoir des reproductions très belles chez Braun. Il me répondit : « Braun vend aux musées. »

Il regardait comme un luxe de nabab d'acheter quelque chose à un fournisseur de musées.

Je ne me consolerai jamais d'avoir demandé à Cézanne de placer au mur quelques-unes de ses œuvres. Il y mit une dizaine d'aquarelles ; mais, un jour qu'il ne pouvait venir à bout de son dessin, Cézanne, après avoir bien pesté et envoyé au diable et lui-même et la Divinité, ouvrit son poêle, et, arrachant du mur les aquarelles, il les jeta au feu. Je vis s'élancer une flamme ; alors seulement le peintre apaisé reprit sa palette.

Lorsqu'il commençait sa séance, ou reprenait son travail interrompu, Cézanne, le pinceau levé, me regardait les yeux fixes, un peu durs : cette fois il semblait inquiet; je l'entendis qui mâchait rageusement entre les dents : « Ce Dominique[1] est bougrement fort »; puis, donnant un coup de pinceau et se reculant pour juger de l'effet : « mais il est bien em... »

Chaque après-midi, Cézanne allait dessiner au Louvre ou au Trocadéro, d'après les maîtres. Quelquefois, vers les cinq heures du soir, il s'arrêtait un instant chez moi et me disait, le visage respirant le bonheur: « M. Vollard, j'ai une bonne nouvelle à vous apprendre: je suis assez satisfait de mon étude de ce tantôt; si le temps, demain, est gris clair, je crois que la séance sera bonne ». C'était là une de ses principales préoccupations, la journée terminée : quel temps aurait-on le lendemain ? Comme il se couchait de très bonne heure, il lui arrivait souvent de s'éveiller au milieu de la nuit. Toujours hanté par son idée, il regardait le ciel, de sa fenêtre ; puis, une fois fixé sur ce point important, et avant de regagner son lit, il allait, une bougie à la main, revoir l'étude qui était en train. Si l'impression était bonne, il voulait faire partager sur l'heure sa satisfaction à sa femme : il allait donc la réveiller : après quoi, pour la dédommager de ce dérangement, il l'invitait à faire une partie de dames avant de se recoucher.

Mais, pour que la séance eût chance d'être bonne, il ne suffisait pas que Cézanne fût satisfait de son étude au Louvre, et que le temps fût gris clair : d'autres conditions étaient nécessaires, et, notamment, que le silence régnât dans la « fabrique de marteaux pilons ». C'était à un ascenseur du voisinage, que Cézanne avait donné cette dénomination. Je me gardais bien de le détromper, et

1. Dominique Ingres.

30. — Baigneuses devant la tente.

(1878)

de lui apprendre que, lorsque le bruit cessait, c'est que l'ascenseur était arrêté pour cause de réparations ; je le laissais à son espérance que ces gens-là feraient faillite un jour : les arrêts, en effet, étaient fréquents, et il croyait tout bonnement que les marteaux s'arrêtaient quand la vente ne marchait pas.

Un autre bruit insupportable à Cézanne, était l'aboiement des chiens. Il y en avait un, dans le voisinage, qui donnait quelquefois de la voix, pas très fort, il est vrai ; mais Cézanne retrouvait, pour les sons qui lui étaient désagréables, une ouïe d'une extrême finesse. Un matin, comme j'arrivais, il vint à moi tout joyeux : « Ce Lépine[1] est un brave homme ! Il a donné l'ordre d'arrêter tous les chiens ; c'est dans la *Croix.* » Nous gagnâmes à cela quelques bonnes séances : le ciel se maintenait gris clair, et, par un hasard heureux, le chien, ainsi que la fabrique de marteaux pilons, s'étaient tus en même temps ; mais un jour, comme Cézanne me répétait une fois de plus : « Ce Lépine est un brave homme ! » on entendit un léger *ouah, ouah, ouah !* Du coup il laissa tomber sa palette, en s'écriant découragé : « Le bougre, il s'est échappé ! »

Bien peu de personnes ont pu voir Cézanne le pinceau à la main ; il ne supportait que très difficilement d'être regardé pendant qu'il était à son chevalet. Pour qui ne l'a pas vu peindre, il est difficile d'imaginer à quel point, certains jours, son travail était lent et pénible. Dans mon portrait, il y a, sur la main, deux petits points où la toile n'est pas couverte. Je le fis remarquer à Cézanne : « Si ma séance de ce tantôt au Louvre est bonne, me répondit-il, peut-être demain trouverai-je le ton juste pour boucher ces blancs. Comprenez un peu, M. Vollard, si je mettais là quelque chose au hasard, je serais forcé de reprendre tout mon tableau en

1. Le Préfet de Police d'alors.

partant de cet endroit ! » Et cette perspective n'était pas sans me faire frémir.

A la même époque que mon portrait, Cézanne travaillait à des *nus*, que l'on entrevoit au second plan dans la photographie de l'artiste[1] (pl. 40).

Il commença cette toile en 1895, et y travailla jusqu'à la fin de 1905 (pl. 41).

Cézanne se servait, pour ses compositions de nus, de dessins sur nature faits autrefois à l'atelier Suisse, et, pour le reste, il faisait appel à ses souvenirs de musées.

Son rêve eût été de faire poser ses modèles nus en plein air : mais c'était irréalisable pour beaucoup de raisons, dont la plus importante était que la femme, même habillée, l'intimidait. Il ne faisait d'exception que pour une servante qu'il avait eue, autrefois, au Jas de Bouffan, vieille créature au visage taillé à coups de serpe, et dont il disait à Zola avec admiration : « Regarde, est-ce beau ? on dirait un homme ! »

Aussi, quelle ne fut pas ma surprise quand il m'annonça, un jour, qu'il voulait faire poser une femme nue. « Comment M. Cézanne, ne pus-je m'empêcher de m'écrier, vous allez faire poser une femme nue ? » — « Oh ! M. Vollard, je prendrai une très vieille carne ! » Il la trouva d'ailleurs à souhait, et, après s'en être servi pour une étude de nu, il fit, d'après le même modèle, mais cette fois vêtu, deux portraits qui font penser à ces parentes pauvres que l'on rencontre dans les récits de Balzac[2].

Cézanne m'avoua qu'il trouvait, avec ce « chameau », beaucoup

1. Cette photographie fut faite par Emile Bernard en 1902, à Aix.

2. Parmi les femmes qui posèrent devant Cézanne, il faut citer aussi une ancienne sœur tourière qui avait eu des malheurs, et d'après laquelle il fit la *Femme au Chapelet*, 1896 (pl. 42).

31. — Portrait de M. G...

(1880)

moins de satisfaction qu'avec moi, pour la pose. « Cela devient, me disait-il, très difficile de travailler avec le modèle femme ! Et pourtant je paie cher la séance : ça va dans les quatre francs, vingt sous de plus qu'avant la guerre. Ah ! si je pouvais réaliser votre portrait ! » Son espoir était toujours le même : le salon de Bouguereau, en attendant le Louvre, qu'il regardait comme le seul abri digne de son art.

Je n'ai pas parlé de la palette de Cézanne. Ses couleurs de prédilection étaient le vermillon et le bleu. Voici d'après E. Bernard, quelle était la composition de sa palette aux dernières années de sa vie[1] :

Les Jaunes :

Jaune brillant.
Jaune de Naples.
Jaune de chrôme.
Ocre jaune.
Terre de Sienne naturelle.

Les Bleus :

Bleu de cobalt.
Bleu d'outremer.
Bleu de Prusse.
Noir de pêche.

Les Rouges :

Vermillon.
Ocre rouge.
Terre de Sienne brûlée.
Laque de garance.
Laque carminée fine.
Laque brûlée.

Les Verts :

Vert Véronèse.
Vert émeraude.
Terre verte.

Il se servait, pour peindre, de pinceaux très souples, rappelant la martre et le putois, qu'il lavait après chaque touche dans un pincelier rempli d'essence de térébenthine. Quel que fût le nombre de ses pinceaux, il les salissait tous pendant la séance, et, lui-même, se salissait à ce point qu'il arriva à des gendarmes, à Aix, de lui demander ses papiers, un jour qu'il revenait « du motif ». Cézanne affirmait qu'il était du pays : eux disaient ne point le connaître.

1. Émile Bernard. *Souvenirs sur Paul Cézanne*, *Mercure de France*, 16 octobre 1907, p. 613.

32. — Le Déjeuner sur l'herbe.

(1878)

« Eh ! je le regrette », dit alors le peintre, avec un tel accent, que les gendarmes ne doutèrent plus. Celui-là était vraiment d'Aix ! On s'explique aussi, par la façon de peindre de Cézanne, la solidité de sa peinture. Ne peignant pas en pleine pâte, mais mettant les unes sur les autres des couches de couleurs aussi minces que des touches d'aquarelle, la couleur séchait instantanément : il n'y avait pas à craindre ce travail intérieur, dans la pâte, qui produit les craquelures quand le dessus et le dessous ne sèchent pas en même temps.

J'ai déjà dit que Cézanne n'aimait pas qu'on le regardât peindre. A ce propos, un de ses amis, qui était allé quelquefois avec lui « au motif », m'a raconté qu'on voyait de temps en temps une vieille femme s'installer avec son tricot dans leur voisinage.

Elle ne faisait aucune attention à eux : mais sa présence, même si peu gênante, mettait Cézanne dans une exaspération folle. Aussitôt qu'il l'apercevait, — et, avec ses yeux vifs et perçants, il la découvrait de très loin, — il s'écriait : « La vieille vache qui vient ! », et, malgré tous les efforts de son ami pour le retenir, il pliait rageusement son bagage et filait. Une autre fois, Cézanne travaillait dans la campagne avec un jeune peintre, M. Le Bail, qu'il avait installé devant lui pour que son compagnon ne le regardât pas peindre ; un passant s'approche à pas de loup, considère le tableau de Cézanne, puis va inspecter l'ouvrage de l'autre peintre, et dit à haute voix : « J'aime mieux ce que fait le jeune ! » Cézanne abandonna aussitôt la place, furieux qu'on l'eût surpris au travail, et très agacé aussi de la réflexion du manant, mais continuant, tout de même, à croire que le public s'entendait à juger de la « réalisation ». Comment douter toutefois qu'à force d'entendre Cézanne se plaindre de ne pouvoir réaliser, ce même public, au jugement de qui il en appelait, ne dût pas finir par trouver dans les œuvres du peintre un certain manque d'aplomb ? Quelqu'un ayant émis l'idée que cette particularité tenait à un écart de champ visuel, Cézanne trouva dans cette boutade un nouveau prétexte pour affirmer sa prétendue impuissance à réaliser. De son côté, Huysmans fit état de la légende de l'écart du champ visuel dans son jugement sur le peintre : « Un artiste aux rétines malades qui, dans l'aperception exaspérée de sa vue, découvrit les prodromes d'un nouvel art[1] ».

Si, pendant la séance, Cézanne ne me permettait pas de dire un seul mot, il parlait volontiers durant le temps que je m'apprêtais à poser, et pendant les trop courts instants de repos dont il me gratifiait. Un matin, comme j'arrivais, je le trouvai riant aux éclats. Il avait découvert, dans *Le Pèlerin*, que l'on offrait au public des actions de la Sosnowice, qu'il prononçait *Sauce novice*. « Ces gens-là feront faillite, me dit-il ; le public n'est pas assez bête pour acheter quelque chose qui porte un nom comme celui-là ! » Quelque temps après, je trouvai Cézanne rêveur : les actions avaient monté. « Voyez-vous, monsieur Vollard, ils ont trouvé des gens faibles. C'est effrayant, la vie ! » Puis, avec la tranquillité et cette sorte de repos que l'on éprouve à voir les « ôttres » bien attrapés quand on est soi-même à l'abri, il ajoutait : « Moi qui ne suis pas pratique dans la vie, je m'appuie sur ma sœur, qui s'appuie sur son confesseur, un jésuite (ces gens-là sont très forts), qui s'appuie sur Rome ». En entendant ce grand peintre se complaire à des enfantillages de cette espèce, et en le voyant accepter, de prime abord, toutes choses, sans aucun examen, des observateurs superficiels se sentaient volontiers la tentation d'user à leur profit d'une

1. J.-K. Huysmans, *Certains*.

telle « naïveté »; mais, quand Cézanne s'était ressaisi, — et il se ressaisissait toujours, — il sortait bec et ongles, et, débarrassé de l'intrus, il pouvait placer triomphalement sa phrase favorite : « Le bougre, il voulait me mettre le grappin dessus! » Et ce n'était pas par esprit de mystification que Cézanne avait l'air de se laisser faire. Ne disait-il pas de lui-même : « Longtemps seulement après « qu'un événement s'est produit, ou qu'une idée a été exprimée « devant moi, « je puis en voir « clairement le « caractère et la « portée. »

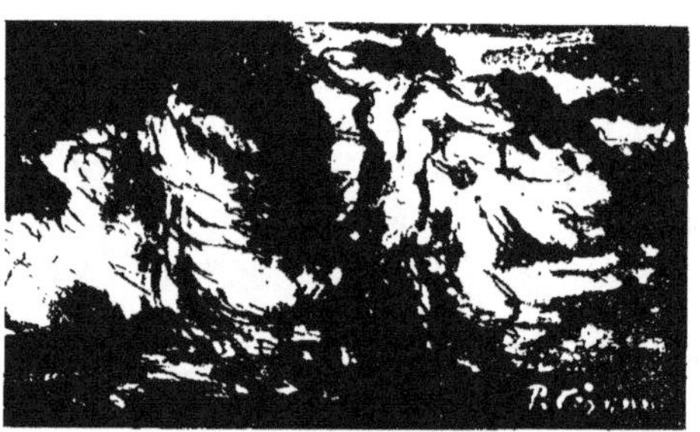

On m'avait dit que Cézanne faisait du modèle son esclave : je ne l'ai que trop éprouvé. Dès qu'il avait donné le premier coup de pinceau, et jusqu'à la fin de la séance, il usait du modèle comme d'une simple nature morte. Il aimait beaucoup peindre les portraits. « L'aboutissement de l'art, disait-il, c'est la figure. » S'il n'en peignait pas davantage, la raison en était dans la difficulté de se procurer des modèles aussi maniables que moi. C'est ainsi qu'après s'être peint et avoir peint de nombreuses fois sa femme et quelques amis complaisants, (à l'époque où Zola croyait en Cézanne, le futur romancier consentit à poser pour le nu), il fut amené à peindre de préférence des pommes, et plus volontiers encore des fleurs qui, elles, ne pourrissaient pas, car il les prenait en papier. Seulement

« ces sacrées bougresses, elles changent de ton à la longue ! » Alors, dans certains moments d'exaspération contre la malice des choses, il arrivait à Cézanne de se rabattre sur les images du *Magasin Pittoresque*, dont il possédait quelques tomes chez lui, ou même sur les journaux de modes de ses sœurs. Il n'avait plus ensuite qu'à espérer le temps gris clair, et à redouter l'aboiement des chiens, la fabrique de marteaux pilons, et quelques autres incommodités de ce genre.

Cézanne avait trouvé en moi, du moins je me plais à le croire, le modèle idéal ; aussi, ne se pressait-il pas de finir mon portrait. Cela me sert d'étude, me disait-il en reprenant des parties « assez bien réalisées », et il ajoutait, pensant me combler de joie : « Vous commencez à savoir poser. » Un jour, après une séance où sa mauvaise humeur s'était manifestée à plusieurs reprises, comme je l'avais quitté en prenant rendez-vous pour le lendemain, Cézanne dit tout d'un coup à son fils : « Le ciel devient gris clair. Le temps de manger un morceau, cours chez Vollard, et ramène-le moi ! — Mais tu ne crains pas de fatiguer Vollard ? — Qu'est-ce que cela fait, puisque le temps est gris clair ? — Mais si tu le fatigues trop aujourd'hui, demain il ne pourra peut-être pas poser ? — Tu as raison, fils, il faut ménager le modèle ! Toi, tu as le sens pratique de la vie. » A propos de cette vision peu pratique de la vie, dont Cézanne s'enorgueillissait secrètement, tout en feignant de s'en attrister, je me souviens que, par un hiver des plus rigoureux, en traversant un pont, je m'étais arrêté pour admirer la Seine charriant d'énormes glaçons, quand je vis quelqu'un lavant des pinceaux sur le bord du fleuve. C'était Cézanne. « L'eau est gelée à l'atelier, me dit-il. Pourvu que ça ne prenne pas ici ! » Et il regardait avec inquiétude les glaçons, qui se touchaient les uns les autres.

33. — La Corbeille de pommes.

(1885)

Pendant que je posais, je craignais, par dessus tout, pour mon portrait, l'entrée en scène du terrible couteau à palette. Aussi, avec

quel soin surveillais-je mes moindres paroles ! Bien entendu, je ne parlais ni peinture, ni littérature, ni savants, ni professeurs ; à vrai dire, je ne parlais de rien du tout, car Cézanne qui n'avait en tête que son art, pouvait, sans entendre ce que je lui disais, croire à une velléité de contradiction, et mon portrait risquait fort d'être détruit. Je jugeais donc plus prudent d'attendre qu'il m'adressât la parole, ce qui n'était pas, non plus, sans danger, comme on va le voir.

Cézanne m'avait dit : « On va disperser la collection Chocquet, il faut aller voir les Delacroix à l'exposition qui précédera la vente. » Il me signala, notamment, une très importante aquarelle représentant des *Fleurs*, et achetée par M. Chocquet à la vente Piron. Celui-ci en avait fait l'acquisition à la vente après décès de Delacroix, dont il était l'exécuteur testamentaire. Cézanne m'apprit que Delacroix, dans ses dernières volontés, avait laissé à ses héritiers le droit de choisir une œuvre de lui, à l'exception de cette aquarelle, qui devait figurer à sa vente mortuaire. Voulant montrer à Cézanne l'intérêt que je prenais à son récit, je recherchai le testament de Delacroix, et, le lendemain, en venant poser, je dis : J'ai lu le testament de Delacroix. J'ai vu qu'en effet il parlait d'une grande aquarelle représentant *des Fleurs* « comme posées au hasard sur un fond gris ». « Malheureux, — s'écria Cézanne en faisant deux pas sur moi, les poings menaçants — vous osez dire que Delacroix peignait au hasard! » Je pus lui expliquer l'erreur ; il se calma. « J'aime Delacroix! » me dit-il par manière d'excuse, tandis qu'intérieurement je me promettais de redoubler encore de prudence à l'avenir. Une autre fois, tout faisait présager une excellente séance : ciel gris clair, pas d'aboiements de chiens, silence de la machine à fabriquer les marteaux pilons, bonne étude de la veille au Louvre ; enfin, La *Croix* du jour avait annoncé un succès des Boers. Pendant que je me réjouissais de ces heureux présages, j'entendis tout à coup un retentissant juron, et je vis Cézanne, avec des yeux effrayants, le couteau à palette levé sur mon portrait. Je

34. — L'Estaque.

(1883)

restai immobile, dans une anxiété indicible ; enfin, après quelques secondes qui me parurent bien longues, Cézanne tourna sa fureur contre une autre de ses toiles, qui fut instantanément mise en pièces. Voici ce qui s'était passé : dans un coin de l'atelier, du côté opposé à celui où je posais, il y avait eu, depuis toujours, un vieux tapis jeté par terre, et qui n'avait plus couleur de tapis. Ce jour-là, par malheur, la bonne l'avait enlevé, dans le louable dessein de le battre. Cézanne m'expliqua que ne plus voir ce tapis lui était intolérable, au point qu'il lui serait impossible de continuer mon portrait ; jurant qu'il ne toucherait plus, de sa vie, à un pinceau. Il ne tint pas parole, heureusement, mais le fait est que, ce jour-là, il lui fut impossible de travailler.

Après 115 séances, Cézanne abandonna mon portrait pour s'en retourner à Aix. « Je ne suis pas mécontent du devant de la chemise », — telles furent ses dernières paroles en me quittant. Il me fit laisser, à l'atelier, le vêtement avec lequel j'avais posé, voulant, à son retour à Paris, boucher les deux petits points blancs des mains, et puis, bien entendu, retravailler certaines parties. « J'aurai fait, d'ici-là, quelques progrès. Comprenez un peu, M. Vollard, le contour me fuit ! » Mais, en parlant de reprendre cette toile, il avait compté sans ces « garces » de mites, qui dévorèrent mon vêtement.

Quand Cézanne abandonnait une toile, c'était presque toujours avec l'intention de la « reprendre » plus tard, dans l'espoir d'un perfectionnement à y apporter. On s'explique ainsi ces paysages déjà « classés », retravaillés l'année suivante, quelquefois deux ou trois ans de suite, ce qui n'était d'ailleurs pas pour l'embarrasser, puisque, pour lui, « peindre d'après nature, ce n'était pas copier l'objectif, mais seulement réaliser ses sensations ». Et l'on comprend aussi que, de cette conscience inouïe, de ce perpétuel recommencement, ait pu sortir la légende du peintre impuissant à réaliser ses visions. Cézanne, lui-même, ne faisait-il pas tout ce qu'il pouvait pour propager cette croyance, quand il vous disait, avec un parfait semblant de conviction : « Ce qui me manque, voyez-vous, c'est de pouvoir réaliser ! » C'était alors le provincial qui perçait, voyant partout, lui barrant l'entrée du salon de Bouguereau, des ennemis qu'il espérait désarmer, avec son allure de pauvre homme humble et craintif. Combien différent de celui-là le Cézanne qui, heurté un jour, par mégarde, pendant qu'il était « sur le motif », s'écriait, en lançant des regards furieux : « On ne sait donc pas que je suis Cézanne ? » On a plaisanté beaucoup Cézanne pour son ambition, obstinée et malheureuse, d'être admis dans les Salons officiels ; mais il ne faut pas oublier qu'il croyait profondément que, s'il pouvait jamais se glisser dans le Salon de Bouguereau, avec une « toile bien réalisée », les écailles tomberaient des yeux et qu'on lâcherait Bouguereau pour suivre le grand maître qu'il se savait.

Il faut ajouter que nulle trace de cet orgueil ne subsistait plus en lui dès qu'il se retrouvait devant sa toile. Il fallait alors le voir, toutes ses facultés tendues vers « l'exactitude de la forme », cherchant « la ligne » avec la même conscience que les anciens compa-

35. — Le Jas de Bouffan.

(1885)

35

gnons mettaient à l'exécution du chef-d'œuvre qui devait leur valoir la Maîtrise, et, s'il était content de la séance, ce qui était bien rare, montrant la joie de l'écolier qui a reçu un bon point. On comprend quelle devait être son irritation lorsqu'il était arraché à son rêve de peinture et ramené brusquement sur terre : « Excusez un peu, M. Vollard, me disait-il devant un de ses tableaux qu'il avait crevé, un jour qu'on l'avait dérangé de son travail ; mais, quand je médite, j'ai besoin qu'on me f... la paix ! »

VII

LE RETOUR DÉFINITIF A AIX

(1899)

Comme le bruit qui se faisait à Paris autour de Cézanne était arrivé jusqu'à Aix, ses compatriotes, dans leur admiration pour le « malin » qui avait réussi à « mettre dedans les Parisiens », commençaient à lui montrer quelque estime, et même à rechercher sa société, avec l'espoir, bien entendu, de lui soutirer quelques toiles, puisque « ça se vendait maintenant à Paris ».

Mais, à Aix, on se méfie, et Cézanne, qui n'était pas Aixois à demi, avec sa terreur perpétuelle du fameux « grappin », se défiait des éloges; les « complimenteurs » étaient même, à ses yeux, plus dangereux que les « dénigreurs ». A ce propos, il me raconta.

notamment, qu'un écrivain d'art, pour lui faire honneur, l'avait représenté embrassant un arbre en s'écriant, les larmes aux yeux : « Comme je voudrais, celui-là, le transporter sur ma toile ! — Dites, monsieur Vollard, c'est effrayant la vie ! » Aussi, à un ami d'enfance qui, le retrouvant à Aix après l'avoir perdu de vue pendant de longues années, lui faisait mille politesses, et lui demandait son adresse, Cézanne, de répondre avec empressement : « Je demeure loin, dans une rue. » L'ami une fois parti, il s'écria : « Le bougre, il voulait me mettre le grappin dessus ! » Restaient ceux qui n'étaient ni familiers, ni indiscrets, ni trop admirateurs, ni trop respectueux, ceux, enfin, envers lesquels il ne pouvait nourrir aucun sentiment de défiance : mais, avec ceux-là encore, les rapports devenaient impossibles, si grande était la distraction naturelle de Cézanne. Un jour que son cocher le ramenait du « motif », le cheval gravissant au pas une côte un peu rude, il descendit de voiture. Arrivé en chemin plat, le cocher prit le grand trot. Pendant ce temps, Cézanne continuait machinalement sa route, sans se douter de rien. On peut juger de la stupéfaction de l'automédon, en voyant sa voiture vide. « C'est la première fois que je perds un client ! » jurait ce brave homme. Mais le plus surpris fut encore Cézanne, qui se trouva dans l'impossibilité d'expliquer ce qui était arrivé. Une autre fois, au milieu d'une discussion avec son compatriote, le sculpteur Solari, il vida, sans s'en rendre compte, une bouteille de cognac, qu'il avait prise pour de l'eau minérale ; on pense si la conversation monta de ton.

Un des rares bons souvenirs que Cézanne eût gardés de ses rapports avec ses semblables fut sa rencontre avec M. Denys Cochin. Celui-ci se promenait, à cheval, dans les environs de Paris, accompagné de son fils, M. Augustin Cochin, qui s'écria tout à coup : « Papa, regarde Cézanne ! » — « Mais, comment sais-tu que c'est

36. — Auvers.

(1880)

Cézanne, ce bonhomme qui peint là-bas dans ce champ, demanda M. Denys Cochin, qui avait de moins bons yeux que son fils. » — « Mais, papa, puisqu'il peint un Cézanne ! » On s'approcha, et

Cézanne, qui ne pouvait supporter d'être dérangé quand il était « sur le motif », fut, cette fois, par exception, d'une extrême amabilité. « J'ai vu, tout de suite, me disait-il, que c'étaient des gens de la Société ». Mais, malgré l'invitation que lui fit M. Denys Cochin de venir chez lui voir ses *Delacroix*, il ne put jamais se décider à faire cette visite. « Je ne sais pas aller dans le monde! » protestait-il en me racontant la chose.

Ajoutons que sa misanthropie n'empêchait pas Cézanne d'être indulgent aux autres, lorsqu'il n'avait pas à redouter qu'on lui jetât « le grappin dessus ». Comme on parlait un jour, devant lui, d'un Aixois qui avait mangé la dot de sa femme, Cézanne fut le seul à ne pas s'indigner. « Mais enfin, s'informa un des parents de la victime, lui connaissez-vous une seule qualité ? » — « Oui, répondit Cézanne, je trouve qu'il sait acheter les olives pour la table. »

C'est à cette peur maladive du « grappin » que Cézanne doit aussi de n'avoir pas été jusqu'au bout du portrait de M. Geffroy. Après un grand nombre de séances chez son modèle, brusquement, il fit reprendre son chevalet, sa boîte à couleurs, et fila à Aix. Il m'entretint un jour de M. Geffroy : « Il faut lire, me disait-il, *Le Cœur et l'Esprit*. Il y, a dans ce volume, de très belles choses, entre autres, la nouvelle intitulée : *Le Sentiment de l'Impossible*. » Je me permis de lui demander pourquoi il ne voyait plus M. Geffroy. Il me répondit : « Comprenez : Geffroy est un brave homme, et qui a beaucoup de talent ; mais il me parlait, tout le temps, de Clemenceau ; alors, je me suis sauvé à Aix ! » — « Clemenceau n'est donc pas votre homme ? demandai-je. » — « Écoutez un peu, M. Vollard ! Il a du temmpérammenn : mais, pour moi, qui suis faible dans la vie, il vaut mieux m'appuyer sur Rome. »

Cézanne ne souffrait d'ailleurs aucunement de ce que la nature lui eût refusé le don de sociabilité mondaine ; sa femme, son fils, et sa sœur Marie lui suffisaient. Et puis, ne possédait-il pas un trésor plus précieux que l'humanité tout entière : les terres rouges, les pins verdoyants, et les collines bleues de cette Provence, où, de plus en plus, il aspirait à finir ses jours et où, en effet, il allait se

37. — Gardanne.

(1886)

retirer définitivement, presque au lendemain de l'exécution de mon portrait, à la fin de 1899 ?

J'ajouterai que, tout en fuyant le commerce de ses semblables, il prit la résolution, lorsqu'il décida de s'installer définitivement à Aix, d'imiter les « personnes rangées » de cette ville ; et, si quelque circonstance l'obligeait à se mêler au monde, il allait jusqu'à s'inquiéter de la correction de sa tenue, — quand il y pensait du moins, — s'efforçant toujours, désormais, de faire montre, vis-à-vis des Aixois et des « ôttres », d'une politesse imperturbable. Seules, les attaques dirigées en sa présence, contre les peintres qu'il aimait, ou le simple éloge de Dubuffe, de Robert Fleury ou de quelque autre artiste du même « tonneau », provoquaient chez lui un changement d'attitude. Il s'était, de tout temps, montré intraitable à cet égard. Cette susceptibilité ne s'est jamais manifestée si légitimement qu'au cours des pourparlers d'un duel que faillit avoir Zola dans sa jeunesse, et où Cézanne servait de témoin avec Guillemet. Ce dernier, qui n'ignorait pas le danger de mettre Cézanne en face de peintres qu'il méprisait, n'avait pas manqué de le chapitrer et de lui recommander la plus grande modération vis-à-vis d'Olivier Merson, et d'un autre maître de la même école, qui étaient les témoins de la partie adverse ; mais Cézanne, de répondre invariablement à ces sages conseils : « Je les em... tous. » Pourtant, tout alla d'abord pour le mieux. Une lettre d'excuses, où Zola se moquait de son adversaire le plus agréablement du monde, avait été acceptée les yeux fermés. Guillemet allait sortir avec Cézanne, lorsque Olivier Merson, enhardi par ce succès apparent, voulut discuter les opinions d'art que Zola exprimait dans les journaux, en s'élevant contre son audace à juger des peintres tels que Bonnat, Cabanel, Fromentin, etc. Guillemet avait eu à peine le temps de lui faire observer que cela ne le regardait pas. Cézanne qui, jusqu'alors, n'avait pas pris part à la conversation, occupé qu'il était à se gratter le mollet, se dressant, furieux, cria : « Et moi je dis m.... à Cabanel ! » Une fois dehors, il prit à partie Guillemet : « Nous avons été trop mous. Toi qui es fort, pourquoi ne lui as-tu pas f.... des coups ? »

Comme il était timide et faible dans la vie, Cézanne éprouvait de la méfiance à l'égard du militaire lâché en liberté ; mais ce même militaire, bien tenu en main, et prêt à marcher sans barguigner contre les ennemis du dehors, et aussi du dedans, lui apparaissait

38. — La Lutte.

(1885)

un être très délectable, un véritable bienfait des Dieux. On comprend que l'amour de sa chère armée l'ait rendu antidreyfusard. C'est ainsi qu'après une lettre publique de Rodin, où le maître déplorait qu'il n'y eut à peu près exclusivement que des défenseurs

de Dreyfus parmi les souscripteurs de son *Balzac*, Cézanne manifesta l'intention d'envoyer un bulletin de souscription au susdit Balzac. — « Ce *Rodenn* pense bien. C'est un brave homme, il faut l'encourager. »

Cézanne ne pouvait plus sentir les curés depuis le jour où il avait connu un « crétin d'abbé », « un sale ensoutané », qui tenait les orgues à Saint-Sauveur et qui jouait faux. — « A cause de ce poisseux, disait-il, je ne peux plus aller entendre la messe, sa manière de jouer de l'orgue me faisant absolument mal ! »

Cependant, si Cézanne n'aimait pas le prêtre à l'état d'unité, il trouvait que la religion avait du bon, que c'est un « élément de respectabilité », un « appui moral ». Aussi, fréquentait-il les églises et allait-il à la messe le dimanche. Dès sa jeunesse, d'ailleurs, il avait montré des sentiments très conservateurs. Un jour, son père avait dit, en plaisantant, à un ami : « Nous allons déjeûner un peu tard aujourd'hui. Comme c'est dimanche, ces dames sont allées manger le bon Dieu. » Sur quoi ce fils, d'ordinaire si soumis, s'était hardiment élevé contre l'auteur de ses jours : « On voit bien, mon père, que vous lisez le *Siècle*, avec sa politique de marchands de vins! » Mais s'il arrivait que, le dimanche, le ciel fût gris clair, le curé avait à se passer de lui.

« Comprenez un peu, M. Vollard, je suis bon catholique, mais je ne veux pas que les prêtres me la posent ! »

A la messe même, le peintre ne cessait pas de rêver à sa peinture. Un jeune artiste, M. X... avait fait le voyage d'Aix pour tâcher de le voir. C'était un dimanche. Comme le temps était mauvais, un ami, qui le guidait, l'avait conduit, tout naturellement, à Saint-Sauveur, au sortir de la grand'messe. Quand il lui eût désigné Cézanne, M. X... se précipita vers lui. De se voir ainsi abordé, Cézanne montra l'effroi du dormeur réveillé brusquement ; et, de saisissement, il en laissa tomber son livre de messe. Mais quand l'autre lui eût dit qu'il était peintre : « Ah ! vous êtes de la partie ? » s'écria Cézanne, devenu très aimable. Et, le saisissant, à brûle-pourpoint, par un bouton de la jaquette : « Ecoutez un peu : tout, dans la nature, est sphérique et cylindrique. » Tout à coup : « Regardez! » dit Cézanne. Il montrait un rayon de soleil se

reflétant dans un petit ruisseau qui coulait sur la place : « Comment voulez-vous rendre cela ? Il faut se méfier, je vous le dis, des impressionnistes !... Tout de même, ils voient juste ! »

En dépit des sentiments religieux dont il faisait montre volontiers, Cézanne ne se faisait pas faute d'envoyer le bon Dieu à tous les diables, à la moindre contrariété, à moins qu'une autre victime ne se trouvât à sa portée, sur laquelle il pût passer sa colère. Je me souviens qu'un jour où le brouillard l'avait chassé de l'atelier pendant qu'il faisait mon portrait, au moment de jurer le saint nom de Dieu, il se rappela qu'il avait pour voisin Carrière ; et alors, le poing tendu vers les fenêtres du confrère, faisant l'homme furieux, mais déjà amusé par ce qu'il allait dire : « Celui-là est heureux, il a le temps rêvé pour se livrer à ses orgies de couleurs ! »

Cézanne se plaisait à ces amusements de rapin. Ainsi, à l'époque lointaine où la mode était au cri : « Ohé Lambert ! » il aperçut, un jour de promenade, aux environs de Paris, le sympathique peintre de chats du même nom, qu'il connaissait un peu. Voulant « faire une petite blague », il cria : « Ohé Lambert ! » en mettant, ou plutôt en croyant mettre, une sourdine à sa voix. L'autre se retournant, de venir, naturellement, vers lui. Alors, Cézanne, tout saisi, et pensant qu'il aurait une lutte à soutenir, ramassa une pierre, s'apprêtant à défendre chèrement sa vie.

39. — Portrait de Mme Cézanne.

(1877)

Lambert s'avançait, la main tendue, souriant, heureux d'avoir rencontré quelqu'un de connaissance. « Excusez les sons gutturaux qui sortent de ma gorge ! » lui dit Cézanne. Lambert, qui ne comprenait rien à ces excuses, lui donna une bonne poignée de main ; on se promena ensemble, mais Cézanne restait sur ses gardes : Quand on est « faible dans la vie...! »

VIII

CÉZANNE ET ZOLA

Cézanne m'avait parlé de certaines toiles de sa jeunesse qu'il avait données à Zola, et j'avais la plus grande envie de les voir. M. Mirbeau, devant qui j'avais exprimé ce désir, voulut bien me remettre, pour Zola, une lettre d'introduction où il se gardait, toutefois, de lui parler de ses Cézanne. « Zola en est tellement jaloux, me dit M. Mirbeau, que je n'ose pas lui demander de vous les montrer. » Il expliquait seulement, dans la lettre, que j'étais à la recherche de beaux caractères typographiques, pour une prochaine édition du *Jardin des Supplices*, et que je serais très heureux de voir une adresse de sympathie récemment envoyée à Zola par un groupe de Belges partisans de Dreyfus, et imprimée avec les célèbres caractères Plantin.

A mon arrivée chez Zola, on me fit traverser un vestibule où s'étalait une immense composition de Debat-Ponsan, représentant la *Vérité sortant du Puits*, avec, comme devise : *Nec Mergitur*, et comme titre : *La Vérité dressant son miroir s'efforce de sortir du puits, où la maintiennent l'hypocrisie de Basile et la rude poigne de la force brutale*. Puis, je pénétrai dans un salon rempli d'objets de piété. Le jour entrait par deux verrières dont l'une représentait des scènes de légendes, et l'autre montrait Coupeau taillant dans une miche. J'admirai tant d'éclectisme. Il régnait, en ce lieu, une paix délicieuse ; et je compris alors toute la grandeur du sacrifice de Zola, quand il quittait ce *home* exquis pour aller défendre l'Innocent, au milieu de l'atmosphère empestée des réunions publiques.

Le maître ne tarda pas à paraitre, portant, serré contre sa poitrine, un petit chien, des plus hargneux et des plus laids, le cher adoré *Pinpin*, et tenant, de la main restée libre, un exemplaire de la *Débâcle*. Il surprit mon coup d'œil à Coupeau ; son visage se fit bienveillant.

— Ah oui ! les caractères Plantin, dit-il, après avoir pris connaissance de ma lettre d'introduction. Je tâcherai de remettre la main sur cette adresse de mes admirateurs belges : mais, je reçois tant d'adresses, de tous les coins du monde, qu'il peut s'en égarer quelques-unes. Vous n'aurez pas de peine, en tout cas, à trouver aussi bien, et même mieux, chez nos grands fondeurs. Il n'est pas possible que, depuis Plantin, l'art de l'imprimerie soit resté rebelle au progrès, qui s'accomplissait dans tous les autres arts, et ne se soit pas développé comme eux.

Dans ma crainte d'éveiller les susceptibilités de Zola, je me

40. — Cézanne assis devant son tableau de " Baigneurs "
(d'après une photo prise par Emile Bernard en 1902).

(1902)

gardai de mettre la conversation sur les « Cézanne » : ma tactique était d'amener le maître à m'en parler de lui-même. Je me bornai à témoigner mon admiration pour tout ce qui garnissait le salon.

— Et mon Debat-Ponsan, interrompit Zola ! Ce qui fait si [illegible] vante cette *Vérité sortant du Puits*, c'est qu'on semble [illegible] devant cette toile, le cri de conscience d'un honnête h[illegible] le peintre me fut présenté, comme je lui exprimais mon [illegible] pour son œuvre, il me dit, les larmes aux yeux : « J'ai voulu [illegible]

seulement l'âme nue de l'abominable Basile, sans m'apercevoir que je peignais, du même coup, le tableau le mieux réussi de ma carrière d'artiste. Je n'ai, d'ailleurs, aucun mérite à cela : ce n'est pas ma main, c'est mon cœur qui guidait mon pinceau. » Ah ! celui-là, conclut Zola, c'est plus encore qu'un grand peintre, c'est un grand caractère ; et c'est parce qu'il est un grand caractère qu'il est devenu un grand peintre. Quelle leçon pour les artistes qui ne cherchent pas, avant tout, à être des hommes ! Ils ne feront jamais de chefs-d'œuvre, car c'est avec son sang qu'on écrit, qu'on peint, et qu'on sculpte le chef-d'œuvre...

MOI, timidement. — Il me paraît, maître, que la Vérité, et peut-être aussi le Basile, ont un peu passé de ton.

ZOLA. — Les plus grands maîtres noircissent à la longue : devons-nous cesser pour cela de les admirer ?

Je m'étais approché d'un ange en ivoire suspendu au plafond par une ficelle, mais qui, avec ses ailes éployées, donnait l'illusion de planer par ses propres moyens.

— Le bel ange ! m'écriai-je.

ZOLA. — On le dit du XIIIe siècle ; mais je vous avoue que je ne me préoccupe ni des époques, ni des styles. Un artiste demande à un objet d'art de lui donner de la joie, sans plus.

MOI. — On se croirait ici dans un musée.

ZOLA. — Avant d'écrire un livre, je fais provision de documents. C'est avec ces mille riens charmants que j'ai fait le *Rêve*.

MOI. — Et vous avez découvert tous ces trésors à Paris ?

ZOLA. — Je n'ai pas eu besoin d'aller très loin. Toute cette moisson a été faite dans mon quartier, et à très bon compte. Ce ne sont pas les occasions qui manquent : mais si peu de gens savent voir !

Moi, apercevant, dans un joli cadre du temps, le portrait d'une fillette réchauffant un petit oiseau entre ses seins nus. — L'influence de Greuze ?

Zola, avec indulgence pour mon ignorance. — Cette toile, quoique ne portant pas de signature, n'en est pas moins donnée à Greuze par d'éminents connaisseurs.

Découvrant, dans le voisinage de la fillette à l'oiseau, un tableau représentant un groupe de femmes nues suspendues à la voûte céleste par des chaînes d'argent : « Ary Scheffer ? »

Zola. — C'est là un des chefs-d'œuvre de cet amant passionné de l'idéal qui n'a produit que des chefs-d'œuvre : le Corneille de la peinture, complétant si bien notre Greuze, qui en est le Racine.

Une telle bonhomie se lisait sur le visage de Zola que je me risquai à parler de Cézanne.

— Une question me brûle les lèvres, maître, mais j'ai tellement abusé déjà de votre longanimité...

Zola, avec un sourire. — Parlez !

Moi. — Les lettres que vous écrivîtes à M. Cézanne et qui nous seraient tellement nécessaires, à nous aussi, pour nous apprendre à sentir et à penser, ces lettres existent-elles toujours ? Je n'ai pas osé en parler à M. Cézanne, parce que je ne voulais pas lui donner des remords éternels si, n'ayant pas conservé ces précieux papiers, il s'était rendu compte subitement de la responsabilité qu'il encourait devant la postérité.

Zola. — Comme vous, j'ai eu peur pour ces lettres, où je donnais le meilleur de moi-même. Mais, grâce au ciel, Cézanne, malgré son insouciance, avait su garder précieusement les moindres billets que je lui écrivais. Quand je lui redemandai ma correspondance, pensant que la publication pourrait en être intéressante pour les

41. — Les Baigneurs.

(1895 - 1905)

jeunes artistes qui ne manqueraient pas de faire leur profit des conseils qu'un ami donnait, avec tout son cœur, à un ami, il me rendit le paquet, où pas une lettre ne manquait. Ah ! pourquoi mon ami ne m'a-t-il pas donné, aussi, le grand peintre sur lequel je comptais tant ?

Moi. — Quelle confiance vous aviez mise en Cézanne !

Zola. — Nos camarades le tenaient volontiers pour un raté, et moi, je ne cessais de leur crier : « Paul a le génie d'un grand peintre ! » Ah ! pourquoi n'ai-je pas été bon prophète en la circonstance ?

Moi. — Mais Cézanne était un travailleur enragé, et, de plus, il avait une imagination de poète !

Zola. — Mon cher grand Cézanne avait l'étincelle. Mais s'il eut le génie d'un grand peintre, il n'eut pas le talent de le devenir. Il se laissa trop aller à ses rêves, des rêves qui n'ont pas reçu leur accomplissement. Suivant ses propres paroles, il s'était mis en nourrice chez les Illusions !

Moi. — Vous avez des tableaux de Cézanne ?

Zola. — Je les avais cachés à la campagne. Sur les instances de Mirbeau, qui voulait les voir, je les ai fait rapporter ici. Mais je ne les mettrai jamais au mur. Ma maison, vous ne l'ignorez pas, est la maison des artistes. Vous savez combien ils sont justes, mais sévères, entre eux. Je ne veux pas abandonner au jugement de ses pairs le compagnon de ma jeunesse, mon ami le plus cher. Les tableaux de Cézanne sont enfermés, sous triple verrou, là, dans cette armoire, à l'abri des regards malveillants. Ne me demandez pas de les sortir, cela me fait trop de peine, quand je pense à ce que mon ami aurait pu être, s'il avait voulu diriger son imagination et aussi travailler sa forme, car, si on naît poète, on devient ouvrier.

Moi. — Vos conseils expérimentés n'ont pas manqué pourtant à Cézanne, maître ?

Zola. — J'ai tout fait pour galvaniser mon cher Cézanne, et les lettres que je lui ai écrites m'ont ému à un tel point que j'en conserve jusqu'aux moindres mots dans mon souvenir. C'est aussi à son intention que j'ai produit l'*Œuvre*. Le public se passionna pour ce livre, mais mon ami resta indifférent. Rien ne pourra plus le sortir de ses rêveries ; de plus en plus, il s'isolera, loin du monde réel.

Ces derniers mots, prononcés d'une voix tremblante, furent suivis d'un silence...

Moi. — Mais s'il n'a pu réaliser son œuvre, Cézanne, du moins, dans ses lettres, disait-il des choses intéressantes sur la peinture ?

Zola baisa tendrement son petit chien et reprit :

— Tout ce qu'écrivait Cézanne était imprévu et original : mais je n'ai pas conservé ses lettres, je n'aurais voulu pour rien au monde qu'elles fussent lues par d'autres, à cause de cette forme un peu lâchée.....

Moi, interrompant. — Là encore votre amitié...

Zola. — Tout cela est tellement lointain !... Je me rappelle cependant, après une de ces missives qui fleurait si bon la Provence, avoir dit à mon ami : « J'aime ces pensées étranges comme de jeunes bohémiennes au regard bizarre, les pieds boueux, la tête fleurie. » Mais je ne pus m'empêcher d'ajouter : « Notre souverain maître, le Public, se satisfait plus difficilement. Il fait fi des princesses pauvrement vêtues...

42. — La Femme au chapelet.

(1896)

« Pour trouver grâce à ses yeux, il ne suffit pas de dire, il faut bien dire. »

Au même instant, une bande d'enfants passaient sous les fenêtres de l'hôtel de Zola en criant : *A bas Zola ! conspuez Dreyfus !* « Les misérables ! » fis-je poliment, pendant que le petit chien jappait avec fureur. Mais le visage de Zola était empreint de

cette sérénité que devaient éprouver les martyrs en allant au supplice.

— Non, pas des misérables, mais de pauvres égarés qu'une trop grande lumière aveugle ! Le hibou, non plus, ne voit pas en plein midi.

Et, replongeant le nez dans la fourrure de *Pinpin*, il lui disait : « Tu n'es pas méchant, toi ! » Puis il murmura :

— Ils ont des yeux et ne voient pas, des oreilles et n'entendent pas...

Moi. — Ce n'est pas seulement de l'aveuglement que l'on observe chez vos ennemis, maître, mais de la haine, une haine réfléchie.

Zola. — Oui, une haine réfléchie. J'en suis bien malheureux, moi qui aurais tant aimé être aimé de tous !

Moi. — Maître, vous avez pour vous l'élite des penseurs.

Zola. — Mais la foule m'échappe.

Moi. — Les serpents de l'envie ne sont pas immortels : un jour viendra où tous les yeux se dessilleront. L'autre jour, j'ai entendu une troupe de jeunes gens crier, avec beaucoup de conviction : *Vive Zola !*

Zola. — Demain, ceux-là même, peut-être, me hueront.

Moi. — Pourtant, ces tirages à cent cinquante mille exemplaires !

Zola. — Ne sont pas les tirages à un million d'exemplaires que Jules Mary obtient dans le *Petit Journal.*

Et Zola, les yeux rêveurs, murmurait, se parlant à soi-même : *Le Petit Journal*, un million d'exemplaires !

Pour faire diversion à ces tristes pensées, je rapportai au maître ce que l'on m'avait dit de la grosse vente à l'étranger de sa *Débâcle*, que je voyais sur le guéridon.

Zola. — En effet, c'est celui de mes ouvrages qui a été le plus apprécié du public.

Moi. — Et vous, maître, est-ce celui qui vous plaît le plus ?

Zola. — Un artiste préfère l'œuvre qu'il va faire : je dois avouer cependant que j'ai une certaine prédilection pour *La Débâcle ;* nous en sommes à deux cent mille exemplaires.

C'est sur ces mots que je pris congé de l'illustre ami de Cézanne.

43. — Portrait de Zola.

(1860)

La mort de Zola, qui eut lieu en 1902, affecta beaucoup Cézanne. Il était à l'atelier, en train de préparer sa palette, lorsque Paulin, un ancien lutteur, qui lui servait à la fois de domestique et de modèle, entra, en coup de vent : « Monsieur Paul, monsieur Paul, Zola est mort. » Cézanne aussitôt éclata en sanglots, puis, faisant signe au

modèle de s'en aller, il s'enferma ; et Paulin, qui, sans oser frapper, venait, de temps en temps, coller l'oreille à la porte, entendit, toute la journée, son maître se plaindre et gémir.

Les tableaux de Cézanne que l'on trouva chez Zola, en vidant les placards et le grenier, furent envoyés à l'Hôtel Drouot, en même temps que le fort lot d'antiquités qui garnissaient son salon. La vente eut lieu en mars 1903. Notons qu'un admirateur de Zola poussa jusqu'à 350 francs *La Vérité sortant du Puits*.

Rochefort, mal renseigné, et s'imaginant que Zola goûtait l'art de Cézanne, fit une charge à fond de train contre ce genre de peinture, en même temps qu'il criblait, de ses traits les plus acérés, toute la « bondieuserie » du défunt[1].

La conclusion de son article était : « Quand on voit la nature comme l'interprétaient Zola et ses peintres ordinaires, il est tout naturel que le patriotisme et l'honneur vous apparaissent sous la forme d'un officier livrant à l'ennemi les plans de la défense du pays. »

Je me souviens, à ce propos, d'un détail amusant. M. Cézanne fils avait écrit à son père qu'il avait mis l'article de Rochefort de côté, à son intention. « Inutile de me l'envoyer, répondit Cézanne. Chaque jour, j'en trouve sous ma porte, sans compter les numéros de l'*Intransigeant* qu'on m'adresse par la poste ».

Un jour que Cézanne me montrait une petite étude qu'il avait faite de Zola pendant sa jeunesse, vers 1860 (pl. 43), je lui demandai à partir de quel moment Zola et lui s'étaient brouillés. « Il n'y a jamais eu de fâcherie entre nous, me dit-il : c'est moi qui ai cessé, le premier, d'aller voir Zola. Je n'étais plus à mon aise chez lui, avec les tapis par terre, les domestiques, et l'autre qui travaillait maintenant sur un bureau en bois sculpté. Cela avait fini par me donner l'impression que je rendais visite à un ministre. Il était devenu, (excusez un peu, M. Vollard, je ne le dis pas en mauvaise part !) un sale bourgeois.

Moi. — Il me semble que cela devait être d'un intérêt passionnant, les rencontres que l'on faisait chez Zola : Edmond de Goncourt, les Daudet, Flaubert, Guy de Maupassant, et tant d'autres.

Cézanne. — Il venait beaucoup de monde, en effet, mais c'était

1. L'*Intransigeant*, 9 mars 1903.

Dans la Campagne d'Aix.

Aquarelle, vers 1878.

(Page 132.)

(Voir la reproduction en noir de la même aquarelle, page 123).

bien em... ce qu'on y entendait dire. Je voulus un jour parler de Baudelaire : ce nom n'intéressa personne.

Moi. — Mais de quoi s'entretenait-on ?

Cézanne. — Chacun parlait du nombre d'exemplaires auquel il avait tiré son dernier livre ou espérait tirer le suivant, en mentant un peu, bien entendu. Il fallait surtout entendre les dames. Madame X... disait, avec fierté, et en défiant du regard Madame Z... : « Nous avons calculé, mon mari et moi, qu'avec les éditions illustrées et la petite bibliothèque, le dernier roman avait été tiré à trente-cinq mille exemplaires. » — « Et nous, disait Madame Z..., en relevant le gant, nous sommes assurés, par traité, pour notre prochain livre, d'un tirage à cinquante mille exemplaires, sans compter l'édition de grand luxe. »

Moi. — Mais il n'y avait pas là que des gens ayant de gros tirages et des femmes vaniteuses ! Ainsi Edmond de Goncourt...

Cézanne. — Celui-là n'avait pas de bourgeoise, c'est vrai ; mais il en faisait, une sacrée gueule, en entendant tous ces chiffres !

Moi. — Vous aimez les Goncourt ?

Cézanne. — J'ai beaucoup aimé autrefois *Manette Salomon*, mais je n'ai plus rien lu de cette marque là à partir du moment où la « veuve », comme dit l'autre[1], s'est mise à écrire seule !

Il reprit. — Je n'allais donc plus que rarement chez Zola.

1. J'ai su depuis que cet autre était Barbey d'Aurevilly.

— car cela me faisait bien peine de le voir devenu si *gnolle*, — quand, un jour, le domestique me dit que son maître n'y était pour personne. Je ne crois pas que la consigne me concernât spécialement ; mais j'espaçai encore davantage mes visites..... Et ensuite, Zola fit paraître l'*Œuvre*.

Cézanne resta un moment sans parler, ressaisi par le passé. Il continua :

— On ne peut pas exiger, d'un homme qui ne sait pas, qu'il dise des choses raisonnables sur l'art de peindre : mais, n. de D., — et Cézanne se mit à taper comme un sourd sur une table, — comment peut-il oser dire qu'un peintre se tue parce qu'il a fait un mauvais tableau ? Quand un tableau n'est pas réalisé, on le f... au feu, et on en recommence un autre !

Pendant qu'il parlait, Cézanne allait et venait dans l'atelier, comme une bête en cage. Tout à coup il s'arrêta, et, saisissant un portrait d'après lui-même, qu'il avait enlevé du châssis pour agrandir la toile, il essaya de le déchirer; mais, comme ses doigts tremblaient et qu'il n'avait pas sous la main son couteau à palette, il fit un rouleau de la toile, le cassa sur son genou et le jeta dans la cheminée !

Moi. — Mais comment Zola, qui m'a parlé de vous si longuement, et dans des termes si affectueux, si émus.....

La destruction de son tableau avait calmé Cézanne. Il me regardait avec des yeux où il n'y avait plus de colère, mais une grande tristesse.

— Ecoutez un peu, M. Vollard, il faut que je vous dise ! J'avais cessé d'aller chez Zola, mais je ne pouvais me faire à l'idée qu'il n'avait plus d'amitié pour moi. Quand je me suis logé rue Ballu, à côté de son hôtel, il y avait bien longtemps que

44. — Peintures exposées au Salon d'Automne de 1904.

nous ne nous étions vus ; mais, demeurant si près de lui, j'espérais que le hasard nous ferait nous rencontrer, et qu'il viendrait à moi... Me trouvant plus tard à Aix, j'appris que Zola y était arrivé récemment. Je m'imaginais, comme de juste, qu'il n'osait pas

venir me voir; mais, comment penser encore au passé ? Comprenez un peu, M. Vollard, mon cher Zola était à Aix ! J'oubliais tout, l'*Œuvre* et bien d'autres choses aussi, comme cette sacrée garce de bonne qui me regardait jadis de travers pendant que je m'essuyais les pieds sur le paillasson avant d'entrer dans le salon de Zola. J'étais, en ce moment, sur le motif, j'avais une étude qui ne venait pas mal ; mais je m'en f... bien, de mon étude : Zola était à Aix ! Sans même prendre le temps de plier mon bagage, je cours à l'hôtel où il était descendu : mais un camarade que je croisai en route me rapporta que l'on avait dit la veille, devant lui, à Zola : « Irez-vous manger la soupe chez Cézanne ? » et que Zola avait répondu : « A quoi bon revoir ce raté ? » Alors je retournai au motif.

Les yeux de Cézanne étaient pleins de larmes. Il se moucha bruyamment, pour cacher son émotion, et me dit :

— Voyez-vous, M. Vollard, Zola n'était pas un méchant homme, mais il vivait sous l'influence des événements !

Pour faire diversion, je demandais à Cézanne : « Quelles raisons avaient pu pousser Zola à vouloir être de l'Académie Française ?

Cézanne. — La véritable cause remonte bien loin. A l'apparition de l'*Œuvre*, il y eut brouille entre Zola et Edmond de Goncourt. Zola fut pardonné, mais seulement en apparence, et Goncourt le raya de son Académie. Zola voulut alors faire partie de l'autre académie, pour lui faire la pige. Et si l'on avait voulu de lui, il aurait trouvé là son contentement, et n'aurait pas eu besoin, pour épater le pauvre monde, d'entrer dans cette affaire Dreyfus, où il n'était pas de force ! Seulement, quand on est un peu mince d'étoffe, on cherche toujours à péter plus haut que le nez. Voyez-vous, M. Vollard, pour réussir dans la vie, il faut avoir du « temmpérammenn !... »

Moi. — Mais qu'y avait-il dans l'*Œuvre* dont Goncourt ait pu prendre ombrage ?

Cézanne. — J'ai laissé dire que c'était à cause du titre que Zola avait donné à son livre. Goncourt prétendait que ce titre, l'*Œuvre*, leur appartenait à lui et à son frère défunt, qui avaient écrit l'*Œuvre de François Boucher*.

Cézanne se mit à rire de bon cœur, puis, les yeux pleins de malice : « On n'est tout de même pas si bête que cela, entre peintres, n'est-ce pas, M. Vollard ? »

45. — **Peintures** exposées au Salon d'Automne de 1904.

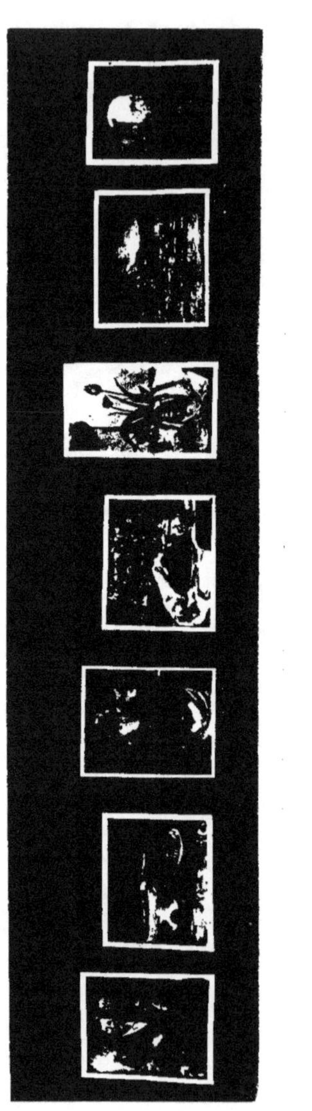

Je citai à Cézanne le cas de Rosa Bonheur qui avait fait défense à des parents pauvres, qu'elle aidait de ses libéralités, de représenter des animaux au premier plan de leurs tableaux, pour ne pas lui faire concurrence.

En entendant parler d'entraves à l'exercice du métier de peintre, Cézanne était devenu attentif. Mais une interdiction de ce genre, à ses yeux, n'était pas pour empêcher de faire de la bonne peinture : il suffisait d'avoir du « temmpérammenn ».

Il me demanda si j'avais vu des Rosa Bonheur. Je lui dis que je trouvais le *Labourage Nivernais* très fort. « Oui, répartit Cézanne, c'est horriblement ressemblant !

IX

LES DERNIÈRES ANNÉES

(1899-1906)

Cézanne désirait beaucoup être décoré, mais sans pouvoir se résoudre à faire la moindre démarche, malgré la joie immense qu'il aurait éprouvée à « en boucher un coin » à « ceux de l'Institut », et aussi à « ceux d'Aix ».

En 1902, M. Mirbeau, tout en ne pouvant s'expliquer une telle ambition, tenta une démarche auprès de M. Roujon, alors directeur des Beaux-Arts. Aux premiers mots de Mirbeau, demandant la croix pour un peintre, le surintendant fit le geste d'ouvrir le tiroir où se trouvaient les rubans confiés à sa garde, supposant à son visiteur assez de jugeotte pour ne pas lui demander l'impossible. On pense si le nom de Cézanne le fit sursauter. « Mais, mon cher Mirbeau, en tant que directeur des Beaux-Arts, je dois suivre le goût du public et non pas le précéder ! »

Puis : « Monet, si vous voulez ! — Monet n'en veut pas ? — Pre-

nons alors Sisley ! — Quoi, il est mort ! Voulez-vous Pissarro ? Se méprenant sur le silence de Mirbeau. — Il est mort aussi ! Alors, choisissez vous-même n'importe qui, si vous prenez l'engagement de ne plus me parler de ce Cézanne ! » Celui-ci perdait ainsi sa seule chance d'être décoré par les Beaux-Arts. Il se consolait de cet échec en travaillant avec plus d'acharnement que jamais, en vue d'un succès au salon de Bouguereau. Il m'écrivait à ce sujet :

Aix, 2 avril 1902
Cher Monsieur Vollard

Je me vois dans l'-
obligation de ~~cet~~ remettre
l'expédition de la toile de vos
Roses à une époque
ultérieure. Quoique
j'eusse beaucoup souhai-
té envoyer au Salon 1902,
je retarde cette année
encore l'exécution de
ce projet. Je ne suis -
pas satisfait du
résultat obtenu. D'-
autre part je ne -
renonce pas à continuer

mon étude, qui m'aura
obligé à des efforts, que j'
aime à le croire ne seront
pas stériles, ~~malgré mon
âge avancé~~. — J'ai fait
construire un atelier sur un
petit terrain que j'ai
acquis à cette intention.
Je poursuis donc mes recherches,
et vous ferai part du résultat
acquis, sitôt qu'un peu de
satisfaction m'aura été
donné par l'étude. —

Veuillez me croire
bien cordialement à vous

Paul Cézanne

46. — Photographies exposées au Salon d'Automne de 1904.

Quelques mois plus tard, je recevais cette autre lettre :

Aix, 9 janvier 1903

Cher monsieur Vollard,

Je travaille opiniâ-
trement, j'entrevois la
Terre promise, serai-je
comme le grand chef des
Hébreux ou ~~pénétrer~~ bien
pourrai-je y pénétrer ?
Si je suis prêt fin février
je vous enverrai ma toile pour
l'encadrer et la diriger vers
quelque port hospitalier
— J'ai dû lâcher vos fleurs
dont je ne suis pas bien content.
J'ai un grand atelier à la

47. — Photographies exposées au Salon d'Automne de 1904.

campagne, j'y travaille et j'y
suis mieux qu'en ville. —
J'ai réalisé quelques progrès.
Pourquoi si tard et si
péniblement. L'art serait-
il en effet un sacerdoce,
qui demande des purs, qui
lui appartiennent tout entiers?
Je regrette la distance qui
nous sépare, car plus d'une
fois, j'aurais recours à vous,
pour m'étayer moralement
quelque peu. — Je vis seul,
les [1] les [2] sont
inénarrables, c'est le clan des
intellectuels, de quel tonneau
bon Dieu!! Si je vis
encore nous reparlerons de tout
ça. Merci pour votre
bon souvenir. Paul Cézanne

1-2. Nous n'avons pas cru devoir laisser ces deux noms.

Peu après, en 1904, un inspecteur des Beaux-Arts, M. Roger Marx, n'ignorant pas le désir de Cézanne d'avoir la croix, mais se rendant bien compte qu'il n'y avait rien à espérer du côté du Ministère des Beaux-Arts, tenta de le faire décorer par le Ministère du Commerce et de l'Industrie, à l'occasion de l'Exposition Universelle de Saint-Louis.

Avant d'aller à Saint-Louis, il fallait passer par le jury. Le protecteur de Cézanne, désireux d'écarter tout prétexte au refus du tableau qui serait proposé, me recommanda de chercher dans son œuvre la toile la plus « raisonnable ». Je proposai *Mon Jardin* qui avait figuré à la Centennale lors de l'Exposition Universelle de 1900. Nouvel obstacle : les membres du jury qui étaient « de la partie » — et c'était la grande majorité — se rappelaient, avec amertume, qu'à cette même Exposition Universelle de 1900, l'organisateur de la Centennale, le même Roger Marx, avait reçu trois tableaux de Cézanne, tandis que des artistes aussi indiscutables que Cabanel ou Bouguereau n'avaient eu chacun qu'un seul tableau. Aussi, cela va sans dire, l'envoi de Cézanne fut-il refusé par acclamation.

Cette même année 1904, le Salon d'Automne consacra à Cézanne une salle où furent exposées des peintures (pl. 44 et 45) et trois cadres de photographies (pl. 46, 47 et 48). Puvis de Chavannes avait aussi une salle. A ce propos, un journal déplora que les exposants

48. — Photographies exposées au Salon d'Automne de 1904.

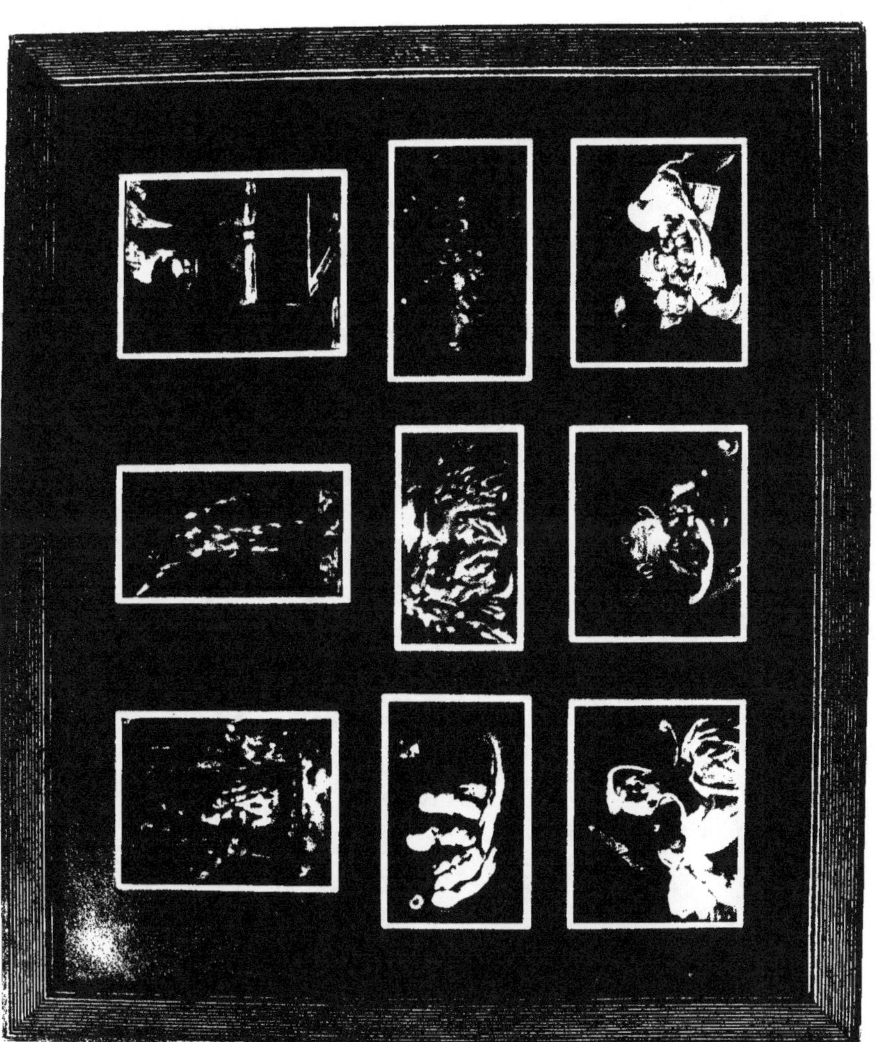

fussent désignés, dans le catalogue, par ordre alphabétique, de telle sorte que le nom de Cézanne se trouvait précéder celui de Puvis de Chavannes. On voit que la presse était restée aussi hostile qu'aux premiers jours : mais Cézanne n'en était pas moins recherché des amateurs et désormais « arrivé », dans le sens que l'on donne généralement à ce mot.

L'année suivante, 1905[1], Cézanne envoya de nouveau quelques toiles au Salon d'Automne, dont : *Le Portrait de Geffroy, 1890* (pl. 49); *Les Baigneurs*, un *Bouquet de roses*, d'après une gravure (ces deux tableaux faisant partie du legs Caillebotte); *Les Moissonneurs*, etc.

A la fin de l'année, j'allai à Aix. Je trouvai Cézanne

1. Cette même année M. CH. MORICE, dans son *Enquête sur les tendances actuelles des arts plastiques*, publiée par le *Mercure de France* posait aux artistes cette question : *Quel état faites-vous de Cézanne?* Voici quelques-unes des réponses qui furent faites :

M. E. SCHUFFENECKER. — Cézanne n'a fait ni un tableau, ni une œuvre.

M. TONY MINARTZ. — Quant à Cézanne, je n'en dis mot et n'en pense pas plus n'étant pas chargé de vendre ses œuvres.

M. L. DE LA QUINTINIE. — Cézanne est un grand artiste auquel l'éducation manque.

M. GABRIEL ROBY. — Cézanne possède un beau tempérament, mais on ne voit chez lui aucun développement conscient.

M. HENRI HAMM. — La sincérité évidente de Cézanne me séduit : sa gaucherie m'étonne.

M. OUVRÉ. — Devant le nu, me disait un ami, *il voit bossu*.

M. IGNACIO ZULOAGA. — J'aime Cézanne dans ses bonnes toiles.

M. FERNAND PIET. — Cézanne? Pourquoi Cézanne?

M. VICTOR BINET. — Rien à dire des tableaux de Cézanne. C'est de la peinture de vidangeur saoûl.

M. HENRI CARO DELVAILLE. — Pour ce qui est de Cézanne, je me range à l'opinion de Puvis de Chavannes: *L'Artiste, livré à son instinct pur, ne va pas au-delà de l'enfant prodige.*

M. MAXIME DETHOMAS. — J'estime Cézanne un agréable coloriste.

M. PAUL SIGNAC. — Une nature morte de Cézanne, un panneau de boîte à pouce de Seurat, c'est d'aussi belle peinture que la *Joconde*.

M. ADOLPHE WILLETTE. — Je vous fous mon billet que je ne mettrais jamais six mille balles à l'achat de trois pommes « en laine » sur une assiette sale...

M. ALBERT BESNARD. — Cézanne? un beau fruit saumâtre.

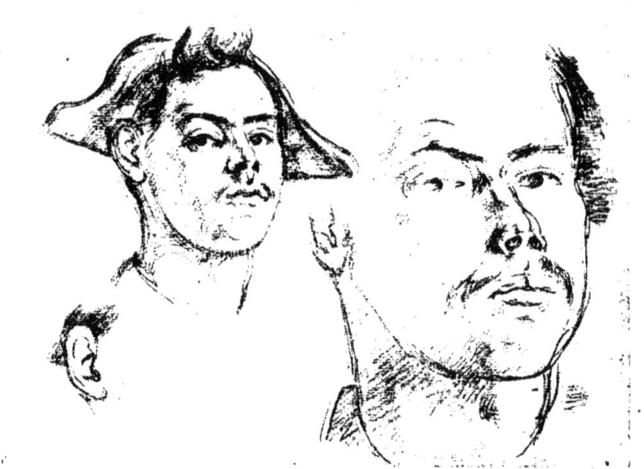

qui lisait *Athalie*. Sur le chevalet on voyait une nature morte commencée plusieurs années auparavant et représentant des crânes sur un tapis d'Orient.

— Que c'est beau à peindre, un crâne ! s'exclama-t-il. Regardez, M. Vollard !

Il fondait sur sa toile les plus grandes espérances. « Comprenez un peu, je touche à la réalisation ! »

Après un silence : « Alors, on trouve à Paris que ce que je fais est bien ? Ah ! si Zola était là, maintenant que je crache le chef-d'œuvre ! »

Je dis à Cézanne que Léon Dierx m'avait chargé de le rappeler à son souvenir. « Je suis très touché, me répondit-il, du bon souvenir qu'à bien voulu me garder Léon Dierx dont la connaissance pour moi remonte assez loin. Je l'ai rencontré, pour la première fois, en 1877, chez Nina de Villard, rue des Moines. Hélas ! que de souvenirs qui sont allés s'engouffrer dans l'abîme des ans ! Maintenant, je dois rester seul : la roublardise des gens est telle, que jamais je ne pourrais m'en sortir ; c'est le vol, la suffisance, l'infatuation, le viol, la mainmise sur votre production ; et pourtant, la nature est très belle ! »

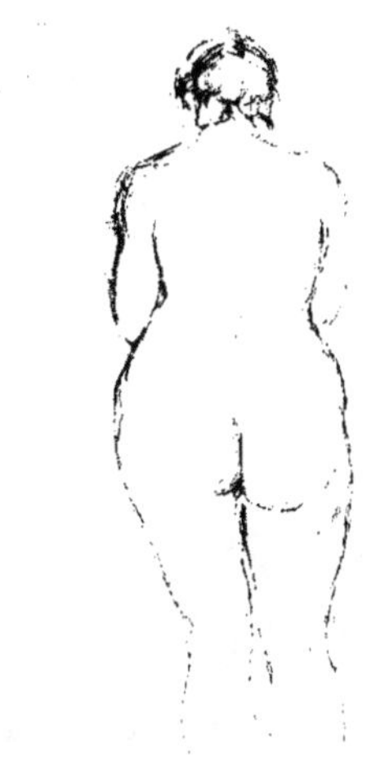

Ce fut ma dernière conversation avec Cézanne. Je ne devais plus le revoir.

On a dit que Cézanne, dans les toiles si montées de ton de la fin de sa vie[1], s'apparentait à Rembrandt. J'ai même entendu ce cri, devant le *Château Noir* (pl. 53) : « Rembrandt est plus rétréci ! »

1. Parmi les œuvres qu'il exécuta de 1896 à 1906, année où il mourut, on peut citer notamment, *Le Liseur*, 1896 (pl. 50), *Mon Portrait*, 1899 (pl. 51), *Le Bouquet de Fleurs* dont il parle dans ses lettres, et auquel il travailla de 1900 à 1903 : il est vrai de dire que le modèle était en papier (pl. 52), *Le Château Noir*, 1904 (pl. 53), les *Crânes* sur un tapis d'Orient, des *Portraits* d'après son modèle Paulin, des grandes toiles de *Baigneuses*, sans compter d'importantes natures mortes, une série de paysages dans une harmonie bleue, etc.

Ajoutons qu'une voix riposta : « C'est de la boue ! » — De la boue qui deviendra un jour comme un beau marbre, dites M. Vollard ? répartit Cézanne à qui j'avais rapporté ce propos.

En dépit d'une maladie qui l'accablait depuis longtemps, et qui lui avait enlevé beaucoup de ses forces, Cézanne travaillait avec une ardeur qui ne se démentait pas. Quelque temps avant sa mort, il disait à M. N..., un de ses amis : « Je crois bien que j'ai dans mon bagage une embolie ! » Il est vrai qu'une lettre écrite par lui à son fils, vers le même moment, ne portait guère la trace d'appréhensions de ce genre :

49. — Portrait de Geffroy.

(1890)

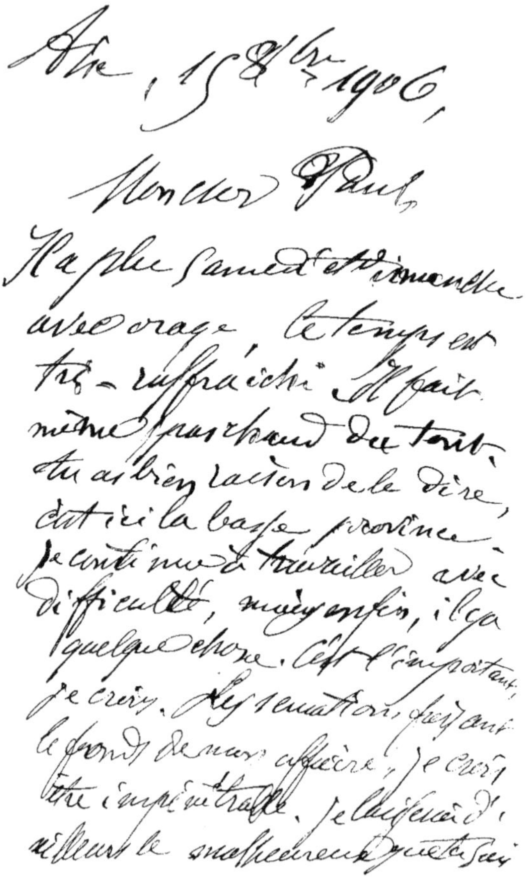

Aix, 15 8bre 1906.

Mon cher Paul,

Il a plu samedi et dimanche
avec orage, le temps est
très rafraîchi. Il fait
même pas chaud du tout.
Tu as bien raison de le dire,
c'est ici la basse province.
Je continue à travailler avec
difficulté, mais enfin, il y a
quelque chose. C'est l'important,
je crois. Les sensations faisant
le fond de mon affaire, je crois
être impénétrable. Je laisserai d'
ailleurs le malheureux que tu sais

me pasticher, tout à fait à côté,
ce n'est guère dangereux.
À l'occasion donne le bonjour
à monsieur et madame Legrand,
qui veulent bien se souvenir de
moi. N'oublie pas non plus Louis
et sa famille, et mon père
Guillaume. — Tout passe avec
une rapidité effrayante ; je
ne vais pas trop mal. Je
me soigne, je mange bien.
Je viens te prier de me
commander deux douzaines
de pinceaux en émeloncile,
comme ceux que nous avions
commandés l'an passé. —
Mon cher fils, pour te donner
des nouvelles aussi satisfaisantes
que ce que tu le désires, il faudrait
avoir vingt ans de moins. —

50. — Le Liseur.

(1896)

Je te le répète, je mange bien et un peu de satisfaction morale, mais pour ça il n'y a que le travail, qui puisse me le donner, serait beaucoup pour moi. — Tous mes compatriotes sont des culs à côté de moi. — J'ai dû te dire que j'ai reçu le cacao. —

Je t'embrasse toi et maman, ton vieux père Paul Cézanne

Je crois les jeunes peintres beaucoup plus intelligents que les autres, les vieux ne peuvent voir en moi qu'un rival désastreux. — Bien à toi ton père P. Cézanne

Deux jours après, Cézanne fut surpris par un orage pendant qu'il était « sur le motif ». Après avoir tenu bon, sous l'averse, pendant deux heures, il tenta de rentrer chez lui : mais, en chemin, il tomba évanoui. Une voiture de blanchisseur, qui passait, le

recueillit, et le ramena à son domicile. En voyant son maître étendu, presque sans vie, le premier mouvement de sa vieille domestique avait été de se précipiter pour lui donner tous ses soins. Mais, au moment d'enlever ses vêtements, elle s'était arrêtée, prise de frayeur. Il faut dire que Cézanne ne pouvait supporter d'être seulement frôlé. Même son fils, qu'il chérissait par dessus tout — « Paul est mon orient » avait-il coutume de dire — et dont il

51. — Mon Portrait.

(1899)

était aussi très aimé, n'eût pas osé prendre le bras de son père sans lui dire : « Pardon, tu permets, papa ! » et Cézanne, malgré le regard affectueux dont il gratifiait son enfant, ne pouvait réprimer un frémissement.

Enfin, craignant de le voir « passer » s'il restait sans secours, la bonne, appelant à elle tout son courage, se mit en devoir de frictionner son vieux maître, et parvint à le ranimer sans qu'il fît entendre, en reprenant ses sens, la moindre protestation, — ce qui était un bien mauvais signe. Il fut toute la nuit en proie à la fièvre.

Le lendemain il descendit au jardin, voulant « pousser » une étude de paysan qui « venait bien ». Au milieu de la séance, il eut une syncope ; le modèle appela à l'aide ; on le mit au lit. Il ne se releva plus et mourut quelques jours après (22 Octobre 1906).

APPENDICE

CÉZANNE ET LA CRITIQUE D'ART

I. — *Salon d'automne de 1904.*

LE JOURNAL. — *14 octobre 1904.* (MARCEL FOUQUIER) : ... Ce qui distingue, à première vue, la peinture de M. Cézanne, c'est la gaucherie du dessin et la lourdeur des coloris. Ses natures mortes, qu'on a beaucoup vantées, sont d'un rendu brutal et d'un effet terne. On a prédit qu'un jour elles iraient au Louvre, tenir compagnie à celles de Chardin. Cet heureux temps n'est pas prochain.

LE GAULOIS. — *14 octobre 1904.* (FOURCAUD) : ... L'art sommaire de M. Cézanne...

LE PETIT PARISIEN. — *14 octobre 1904.* (VALENSOL) : Cet artiste est sincère, il a de fervents admirateurs : sans doute qu'il pourrait faire autre chose... Il préfère répandre des couleurs sur une toile et les y étaler ensuite avec un peigne ou une brosse à dents. Cela fait des paysages, des marines, des natures mortes, des portraits... au hasard, au petit bonheur, et le procédé rappelle un peu ces dessins que les écoliers exécutent en écrasant des têtes de mouches dans le pli d'une feuille de papier.

Le Petit Journal. — *14 octobre 1904 :* Enfin, pour en finir avec les salles particulières, disons qu'il en est une consacrée à M. Paul Cézanne, et n'ajoutons rien.

La République Française. — *14 octobre 1904.* (de Bettex) : Je laisserai les admirateurs de Cézanne prononcer l'éloge de cette méthode, qui se résume à esquisser par plans des têtes faites pour charmer les jeunes spectateurs du théâtre de Guignol.

Il fallait être Goya pour peindre avec de la boue.

Le New-York Herald. — *14 octobre 1904 :* Cézanne a inventé une nature morte : des pommes vernies dans des compotiers mal équilibrés. On affirme qu'il reconstitue Chardin ; en tout cas, il aura imposé à la jeunesse l'emblématique petite poire pas mûre...

La Lanterne. — *15 octobre 1904.* (A. M.) : ... Cézanne, dont le nom, aux temps héroïques du réalisme, servit de prétexte à de si chaudes batailles. Hélas ! je crains bien que cette exposition ne mette fin à la querelle, en démontrant de façon péremptoire que Cézanne n'était qu'un lamentable raté. Peut-être avait-il des idées, mais il était bien incapable de les exprimer. Il semble avoir ignoré même les premiers éléments de son métier.

La Revue Illustrée. — *15 octobre 1904.* (Ponsonailhe) : ... J'étais en train d'admirer innocemment des pommes aux tons vigoureux lorsqu'un de mes amis très initié me voulut bien montrer que j'avais l'optique d'un clerc de notaire. Ce qui est merveilleux, c'est dans une ou deux esquisses de composition antique le volume géométral des bras, des jambes ; un volume plein d'imagination, m'affirmait l'adepte. M. Cézanne par là continue Phidias. Un portrait d'homme quelconque (que je croyais être celui d'un gazier endimanché) le rattache au Poussin. Pour moi, je veux bien, mais je manque d'éducation de l'œil.

L'Éclair. — *15 octobre 1904 :* ... J'ai peine à comprendre la salle consacrée aux peintures du peintre Cézanne à côté d'une salle consacrée à des œuvres du maître vénéré Puvis de Chavannes. Mettre sur le même pied, comme attractions, dans une exposition, deux personnalités si différentes l'une

52. — Le Bouquet de Fleurs.

(1900 - 1903)

de l'autre (je suis poli), cela n'est pas de l'éclectisme, c'est du manque de tact.

L'Événement. — *18 octobre 1904.* (Le Senne) : ... Cézanne donne l'impression d'un ouvrier puissamment doué mais de vision trouble, d'exécution non pas gauche, mais gauchie par quelque infirmité manuelle.

Le Monde Illustré. — *22 octobre 1904.* (Boisard) : ... Expression d'art telle qu'elle pourrait émaner de quelque artiste malgache...

La Revue Hebdomadaire. — *22 octobre 1904.* (Péladan) : Il se produit un curieux phénomène. Le peintre oublie les maîtres et, selon son expression, regarde la vie. Le critique, au contraire, s'entoure de chefs-d'œuvre, et a chez lui une Pinacothèque formée d'épreuves de Braun. « Vous fréquentez trop rue Louis-le-Grand », me disait un des exposants en manière de conclusion à une dispute sur M. Cézanne. Qu'est-ce qu'un art qui souffre tant de l'étude des chefs-d'œuvre et de la connaissance des maîtres ?

Encyclopédie Contemporaine. — *25 octobre 1904.* (Benedict) : M. Cézanne, avec sa peinture heurtée et son dessin problématique, reste un peintre que nous ne saurons jamais comprendre et les enthousiasmes qu'il a suscités dans la nouvelle école demeureront toujours pour nous une énigme.

La Petite Gironde. — *Octobre 1904* : M. Cézanne n'est pas un incompris ; c'est un incomplet. Il y a plus de trente ans qu'on le connaît ; il ne fallut pas trente ans aux méconnus devenus célèbres, à Millet, à Daubigny, à Théodore Rousseau, pour s'imposer et pour vaincre.

Les Débats. — *4 novembre 1904.* (Sarradin) : Je ne saurais prendre aujourd'hui la défense de Cézanne.

. . . .

L'impression est vraiment pénible de tous ces portraits maladroitement ébauchés, et qui sont comme le témoignage d'une fatale impuissance. Cette exhibition fait un tort considérable à un homme qui, s'il n'est point certainement un « chef d'école » comme certains le voudraient, a du moins signé quelques natures mortes et paysages où l'on peut, en dépit de la maladresse d'exécution, apprécier des dons naïfs d'observateur et de coloriste.

53. — Le Château Noir.

(1904)

La Revue Bleue. — *5 novembre 1904.* (Bouyer) : Ah ! Cézanne ! Heureux les pauvres d'esprit, car le ciel de l'art est à eux !

. . . .

Mais, en vérité, corrompus que nous sommes, pourquoi composer, dessiner et peindre ? Pourquoi chercher à *savoir* quand il est si voluptueux de *sentir* ? Pourquoi parler d'éducation, d'instruction, d'érudition, puisque l'art est immédiat, impulsif, aphone et dément comme un sauvage ?

Le Clairon. — *13 novembre 1904.* (Norval) : ... Paul Cézanne, déconcertant, par de fâcheuses incohérences de dessin et d'indéniables qualités de peinture.

L'Univers. — *14 novembre 1904.* (Le Say) : Les œuvres de Paul Cézanne qui y sont rassemblées sont ce qu'on peut rêver de plus abracadabrant ; c'est faux, c'est brutal, c'est fou. Je le dis bien bas, car il est fort dangereux d'émettre une telle opinion en public : le malheureux en sait quelque chose, qui fut, lors de la visite présidentielle, passé à tabac pour n'avoir pas montré un suffisant enthousiasme devant ce musée des horreurs !

La Critique. — *20 novembre 1904.* (Alcanter de Brahm) : Dans une autre salle, triomphe Cézanne, ce disciple des Pissarro et des Monet...

La Revue Libre. — *Novembre 1904.* (Horus) : Une regrettable erreur du catalogue place le peintre Cézanne avant Puvis, sous un dérisoire prétexte alphabétique.

II. — *Salon d'automne 1905.*

Les Débats. — *5 octobre 1905.* (Sarradin) : Des Cézanne comme tous les Cézanne... Oui... oui...

Le Journal. — *17 octobre 1905.* (Gustave Geffroy) : Ce n'est pas Cézanne qu'il faut imiter, c'est le scrupule de Cézanne devant la nature.

Écho de Paris. — *17 octobre 1905.* (Babin) : M. Cézanne, avec des œuvres très représentatives de ses qualités qui sont indéniables, et de ses défauts trop visibles.

Le New-York Herald. — *17 octobre 1905*. (Veber) : Pour aimer et comprendre M. Cézanne, il faut être peintre ; il faut avoir acquis le dégoût du métier, de la tradition, des enseignements et des théories. Alors, il y a, paraît-il, dans l'ignorance volontaire de M. Cézanne, dans ses pénibles recherches, une supérieure affirmation d'art. Nous le croirions volontiers, si cet ignorant sublime n'avait autant regardé les peintres du xviiie siècle ; le pontife de la maladresse réfléchie n'a pas un tel mépris de l'imitation.

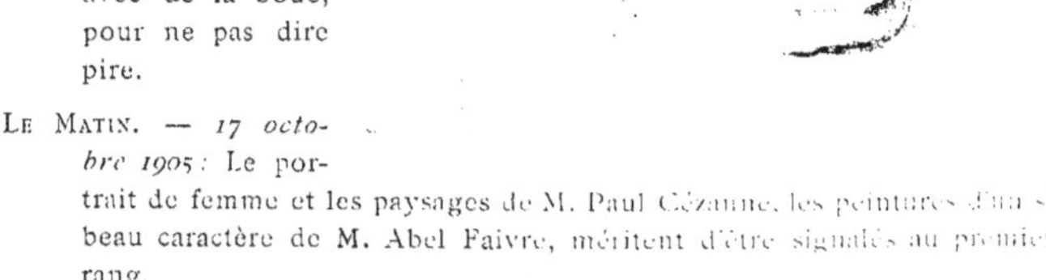

La République Française. — *17 octobre 1905*. (de Bettex) : ...Laissons d'autres admirer les magots à la Cézanne, peints avec de la boue, pour ne pas dire pire.

Le Matin. — *17 octobre 1905* : Le portrait de femme et les paysages de M. Paul Cézanne, les peintures d'un si beau caractère de M. Abel Faivre, méritent d'être signalés au premier rang.

L'Éclair. — *17 octobre 1905*. (R. M. Ferry) : ...Il restera pour le moins que M. Cézanne est un peintre qui a reçu des dons singuliers, et qu'à part ces dons il ignore à peu près tout de l'art de peindre.

LE FIGARO. — *17 octobre 1905*. (ARSÈNE ALEXANDRE) : ... Cézanne si bien défendu, à présent, qu'on n'a qu'à laisser faire.

LE PETIT JOURNAL. — *17 octobre 1905* : M. Cézanne, dont les œuvres passionnent certains amateurs. Nous n'insisterons pas, n'étant point du nombre.

LA LIBERTÉ. — *17 octobre 1905*. (ÉTIENNE CHARLES) : Ses *Baigneurs* sont-ils sincères ? s'ils le sont, plaignons cet artiste, mystificateur sans le vouloir.

LE XIXe SIÈCLE. — *18 octobre 1905* : Parmi les maîtres de l'école d'hier, il faudrait citer Cézanne qui peint des natures mortes avec facilité.

L'INTRANSIGEANT. — *18 octobre 1905*. (D'ANNER) : De M. Cézanne, je ne dirai rien : son art, — puisqu'il paraît que c'est de l'art, — étant d'un niveau qui ne saurait atteindre mon humble compréhension.

LA PETITE GIRONDE. — *18 octobre 1905* : M. Cézanne déconcerte les esprits non prévenus. J'ai beau considérer cette année ses *Moissonneurs*, ses

54. — Dans le jardin, *dessin au crayon*.

Baigneurs crasseux, ses paysages enfantins, je n'en puis pénétrer le mystérieux génie. C'est en vain que je crie : « Cézanne, ouvre-toi ! »

La Lanterne. — *19 octobre 1905* : Que nous veut-on encore avec M. Paul Cézanne ? Est-ce que vraiment sa cause n'est pas entendue ? Est-ce que tous ceux qui ont vu ses œuvres ne le considèrent pas comme un irrémédiable raté ? Tant pis pour les marchands qui ont cru, sur la foi de Zola, qu'il y aurait un beau coup à faire avec ses œuvres. Que M. Vollard en prenne son parti !...

La Revue Bleue. — *21 octobre 1905*. (Camille Mauclair) : M. Cézanne expose quelques œuvres aussi ternes, gauches, laides, mais aussi naïves et sincères que d'habitude, notamment une vue de l'Estaque qui travestit cet adorable site d'or et de saphir en un morose marécage d'un bleu de plomb où jamais la lumière n'a pu sourire, et encore des fruits sur un linge terreux, une scène avec des nus invraisemblables...

LE PETIT DAUPHINOIS. — *25 octobre 1905*. (BERNARD) : Dussé-je passer pour un fossile, je me permets cependant d'affirmer qu'à mes yeux les *Baigneurs*, de Cézanne, où il n'y a ni idée, ni dessin, ni couleur, ne constituent pas le dernier mot de la peinture.

LE CHRONIQUEUR MONDAIN. — *26 octobre 1905*. (HENRY ASSELIN) : Cézanne, encore un incompréhensible qui demeurera évidemment un « grand incompris », est le plus déconcertant des fantaisistes de génie.

LA DÉPECHE. — *28 octobre 1905* : ... Ses baigneurs mal posés, mal modelés, ses paysages par trop sommaires ne peuvent être appréciés que par des initiés et je ne suis pas du nombre.

LA REVUE HEBDOMADAIRE. — *28 octobre 1905*. (PELADAN) : M. Cézanne envoie son portrait! Quel brave homme! C'est un ouvrier rêveur. Pourquoi a-t-il fait autre chose que des natures mortes, puisqu'il ne sait pas le reste?

LE TINTAMARRE. — *5 novembre 1905*. (LESTRANGE) : L'œil, au Salon d'Automne, devient forcément très éclectique, puisqu'il peut admirer l'art ingénu d'un Cézanne.

JOURNAL DE ROUEN. — *6 novembre 1905*. (NICOLLE) : ... Paysages et personnages, toute une nature qui paraît en bois grossièrement découpé et peinturluré de ces couleurs pauvres et criardes qu'ont certains humbles jouets de bazar.

LE JOURNAL DES ARTS. — *11 novembre 1905*. (DE SAINT-HILAIRE) : ... Les paysages de M. Paul Cézanne, dont le style revêt un caractère puéril et enfantin.

MERCURE DE FRANCE. — *1er décembre 1905*. (CH. MORICE) : Les tableaux de Paul Cézanne effarent le public et réjouissent les artistes; tout le public, pas tous les artistes. Je ne pense pas qu'entre lui et un poète l'entretien se passionne. Un peintre. Pleinement un peintre? s'il l'était pleinement, entre lui et le poète l'entretien se passionnerait.

ART ET DÉCORATION. — *Décembre 1905*. (FRANÇOIS MONOD) : ...M. Cézanne, un primitif attardé, non pas un Millet au petit pied, ou, toutes choses égales d'ailleurs, un Verlaine de la peinture, mais une sorte de Crainquebille coloriste qui, à force d'isolement et de gaucherie tenace, aurait fait des trouvailles.

LA REVUE. — *15 décembre 1905*. (CAMILLE MAUCLAIR) : Quant à M. Cézanne, son

55. — Paysage, *croquis au crayon*
(pour le tableau du musée de Munich).

nom restera attaché à la plus mémorable plaisanterie d'art de ces quinze dernières années. Il a fallu « l'impudence de Cockneys » dont parlait Ruskin pour inventer le « génie » de cet honnête vieillard qui peint en province pour son plaisir et produit des œuvres lourdes, mal bâties, et consciencieusement quelconques, des natures mortes d'une assez belle matière et d'un coloris assez cru, des paysages de plomb, des figures qu'un journaliste qualifiait récemment de « michelangesques » et qui sont tout bonnement les essais informes d'un homme qui n'a pu remplacer le savoir par le bon vouloir. Et ces éloges ne sont pas tous dus à des « Cockneys » ou à des naïfs. On les trouve sous la plume d'hommes qui ont su imposer Carrière et Besnard... Une telle attitude en présence d'un peintre comme M. Cézanne contraint à protester violemment contre celui-ci, dont on ne demanderait qu'à ne rien dire, parce qu'il n'a jamais pu produire ce qu'on appelle une œuvre.

III. — *Salon d'automne 1906.*
Mort de Cézanne (22 Octobre 1906).

LE NEW-YORK HERALD. — 5 *octobre 1906.* (PIERRE VEBER) : M. Cézanne fut surnommé « un ignorant sublime ». Mais on n'est pas tout à fait d'accord dans la définition, les uns veulent supprimer « ignorant », les autres veulent supprimer « sublime ».

LE GIL BLAS. — 5 *octobre 1906.* (VAUXELLES) : Nier que Cézanne soit un des plus conscients, un des plus graves, un des plus volontaires des maîtres d'aujourd'hui, c'est nier l'évidence. Le traiter de « maçon ingénu », d'imagier baroque et farouche, qui « voit bossu » devant la nature, n'est plus soutenable. Vraiment, la plaisanterie a trop duré. Aussi bien, qui diable songe à nier ses défauts : inégal, heurté, maladroit, des formes qui gauchissent, des fonds qui avancent, des plans qui chavirent, des bonshommes de guingois. Nous le savons. Mais Rubens a-t-il du goût, et Renoir des idées ?

LA RÉPUBLIQUE FRANÇAISE. — 5 *octobre 1906.* (DE BETTEX) : Les portraits de Cézanne, on le sait, feraient la joie de Guignol.

56. — Baigneuses, *dessin au crayon.*

La Liberté. — *7 octobre 1906.* (Étienne Charles) : M. Cézanne, lui, dédaigne les grâces de la couleur et des formes...

Le Figaro. — *25 octobre 1906.* (Arsène Alexandre) : Ce qui frappe tout esprit impartial en examinant un tableau de Cézanne, c'est, à côté d'une incon-

testable noblesse dans la plantation, dans le point de départ, une impuissance absolue d'arriver au bout de la route. Or n'arrivent au bout du chemin que ceux qui peuvent exprimer et rendre durable l'émotion qu'ils ont ressentie. L'art ne peut, sinon se réjouir, du moins s'enrichir avec de simples intentions.

Le Temps. — *25 octobre 1906.* (Thiébault-Sisson) : Il ne fit guère, à vrai dire, que des esquisses, moins par négligence ou parti pris que parce que la conformation de son œil ne lui permettait point de pousser l'esquisse la mieux venue jusqu'au définitif.

Le Gaulois. — *25 octobre 1906* : Paul Cézanne, le peintre révolutionnaire du plein air, vient de disparaître.

. . . .

Son éducation artistique, on aurait peine à le croire, se fit tout entière au Louvre, où il passa de longues années à copier les maîtres du dix-huitième siècle, dont son tempérament d'artiste lui révélait les beautés.

L'Éclair. — *25 octobre 1906*. (René-Marc Ferry) : Talent incomplet, qu'une infirmité de la vue maintenait d'ailleurs dans l'inachevé et comme à l'état d'ébauche, il faisait figure, grâce au paradoxe de quelques écrivains et à l'artifice de certains marchands, de grand homme et de chef d'école.

Le Soleil. — *25 octobre 1906* : Cézanne était un fort brave homme, fort estimé de tous ceux qui le connaissaient, mais un artiste très incomplet. On a voulu pourtant en faire un maître, mais cet effort a avorté et le public n'a pas ratifié un engouement que rien ne justifie. Ce que l'on peut admirer dans la vie du « Père Cézanne », c'est sa persévérance à faire de la mauvaise peinture.

Journal de Monaco. — *30 octobre 1906* : Cézanne s'efforçait de rendre les gens, la nature et les choses tels qu'il les voyait et sans se soucier de leur communiquer un peu de beauté. Figures, arbres, maisons, fleurs, fruits ou meubles étaient maçonnés avec la même brutalité.

Bulletin de l'Art Ancien et Moderne. — *3 novembre 1906* : Cézanne fut accepté comme un maître par une partie de la jeune génération qui voulut voir en lui un chef d'école. Quant au public, il se montra toujours déconcerté par les faiblesses de dessin de cet artiste sincère, mais incomplet.

La Revue des Beaux-Arts. — *11 novembre 1906*. (Fagus) : ... J'oserais dire qu'il eut du génie comme une brute...

L'Art et les Artistes. — *Novembre 1906*. (Guillemot) : Homme de génie, d'aucuns vont jusqu'à le prétendre, et des soucis mercantiles autorisent seuls une telle exagération.

Art et Décoration. — *Novembre 1906*. (Mauclair) : A M. Cézanne vivant, certaines choses pouvaient être dites. Sur la tombe à peine close de M. Cézanne il ne me conviendra de témoigner que du regret de n'avoir pu démêler les raisons de son influence, en y joignant l'attestation de la modeste bonne volonté de ce persévérant et malchanceux producteur.

Mercure de France. — *15 février 1907 :* Charles Morice oppose l'exil de Gauguin à Tahiti à la réclusion volontaire de Cézanne à Aix :

« L'exil de Gauguin n'était pas le geste par lequel un homme se sépare de ses semblables... En s'écartant d'un « faux semblant de civilisation » il appelait la vie loin de se détourner d'elle...

« Cézanne, enfermé dans les strictes bornes de la technique de son art, vivant uniquement par les yeux et le cerveau, nous apparaît comme le type de l'artiste exclusif, égoïstement incurieux de tout ce qui n'est pas tons et rapports de tons, un magnifique monstre. »

TABLES

TABLE

des œuvres reproduites dans le texte

TABLE DES MATIÈRES

TABLE

des œuvres reproduites en héliogravure

INDEX ALPHABÉTIQUE
DES NOMS PROPRES (1)

(1) Il va de soi que le nom de Paul Cézanne lui-même ne figure pas dans cet Index

ERRATUM

Le dessin reproduit à la page 37 a pour sujet : Tête d'Enfant.

A la table des illustrations dans le texte doivent être ajoutées les reproductions suivantes :

Il convient également de mentionner deux reproductions en couleurs qui ne figurent dans aucune table :

Imp. Frazier-Soye, 153, 157, rue Montmartre, Paris.

ACHEVÉ D'IMPRIMER
SEPTEMBRE 1914
SUR LES PRESSES DE FRAZIER-SOYE
153, RUE MONTMARTRE
PARIS

HÉLIOGRAVURES DE LOUIS FORT

www.ingramcontent.com/pod-product-compliance
Lightning Source LLC
LaVergne TN
LVHW011942220826
846092LV00001B/63

9782329554815